게으른 뇌를 깨워줄 책 읽기

게으른 뇌를 깨워줄
책 읽기

백명숙 지음

가림출판사

추천의 글

말과 글의 감동은 진정성이다

말과 글의 감동은 진정성에서 나온다. 화려한 언변과 미사여구로 가득 찬 글은 쉽게 독자를 현혹할 수는 있으나 깊이가 없어 울림이 오래 남지 않는다. 진정성 있는 말과 글은 마음 깊은 곳에서 감동이 주는 조용한 울림이 일어나며 오래 남는다.

살아온 날을 보면 그 사람을 알 수 있다고 했던가. 책을 읽으며 저자가 어떤 생각을 하면서 어떻게 살아왔는지 알 수 있었다. 책과 함께 살아온 저자의 삶이 감동으로 다가왔다. 특히 책을 삶의 가장 우선순위에 두고 살아온 과정에서 진정성이 느껴졌다. 저자의 오랜 세월에 걸친 책에 대한 애정에서 나오는 소산일 것이다.

비단 읽기로서의 책뿐만 아니라, 소장품으로서의 책과 그것을 접하는 장소에 관한 이야기는 우리가 흔히 지나치는 당연한 것들에 대한 다시 보기를 하게 한다. 다시 봄으로써 미처 몰랐던 귀한 가치를 알게 한다.

이 책을 읽다 보면 책에 대한 생각이 바뀌고 서점과 도서관이 새롭게 보일 것이다. 어느새 책을 읽고 있는 자신도 발견하게 될 것이다.

강원국 《대통령의 글쓰기》《회장님의 글쓰기》 저자

책과 소파

　책상과 소파. 둘 중에서 책과 더 잘 어울리는 것이 무엇일까? 정해진 답이 있는 것은 아니다. 이 책의 저자는 책상보다 소파에 손을 들어주는 사람이다. 왜 그럴까? 책상과 잘 어울리는 것은 책보다는 공부다. 공부는 딱딱하고 재미없다. 특별한 경우가 아니라면 어쩔 수 없이 하는 것이 공부다. 반면 재미있고 감동이 있는 책 읽기는 소파와 잘 어울린다. 기대고 드러눕고 꿈틀거리는 공간이 소파다. 그때 몸은 소파와 함께하지만, 영혼은 책과 함께한다.

　저자가 책이 있어서 행복했다고 말하는 이유가 여기에 있을 것이다. 우리의 삶을 이분할 수 있다면 돈벌이를 위한 시간과 영혼을 위한 시간으로 나눌 수 있다. 하루 대부분을 우리는 생계를 유지하기 위한 활동에 전념한다. 그리고 나머지 시간은 좀 더 행복하고 자유롭게 살기 위해 영혼의 행복을 추구한다. 이 나머지 시간에 사람들은 자신이 하고 싶은 일을 한다. 어떤 사람은 친구를 만나고, 어떤 사람은 여행을 하고, 또 다른 사람은 취미활동을 한다. 이런 일 중에서 저자가 선택한 것은 책이었다. 책이 영혼을 풍성하게 하고 삶을 충만하게 했으며 의미 있는 길로 안내해주었다.

　이 책은 평범하다면 평범할 수 있는 한 사서의 자기 영혼을 위한 시간의 기록이다. 자신이 선택한 책이 어떻게 삶을 바꾸었는지 그 결과 어떤 삶을 살게 되었는지를 생생하게 들려준다. 유명한 작가가 쓴 책을 읽는 방법에 대한 이야기가 아니라, 일상에서 흘러넘치는 경험들이 꿈틀거리며 우리와

살을 비비자고 든다. 그 살 비빔에 동참할 수 있음이 또 다른 행복이다. 그 행복의 길로 안내하는 새로운 길잡이를 얻었다는 기쁨이 삶을 더욱 풍성하게 할 것이다.

인간은 다른 존재들과 함께 살아갈 수밖에 없는데 이것은 책을 읽는 사람들도 마찬가지다. 책 읽기는 저자와 대화를 나누는 과정이다. 그 과정이 유쾌하고 즐거울 때 우리는 빠져든다. 좋은 친구와 존경하는 선배를 얻은 것처럼 좋은 책도 우리에게 기쁨으로 남는다. 그리고 또다시 책을 만날 힘을 준다. 이렇게 책으로 기쁨을 얻은 사람들은 혼자만의 경험을 나누고 싶어 한다. 그리하여 독서토론이라는 형식으로 사람을 만난다. 리더스클럽이 그런 모임이다. 책을 읽는 사람들이 모여서 자신만의 경험을 이야기하고 타인의 경험으로 더 큰 깨달음을 얻어가는 곳, 그리하여 함께 깊어지고 넓어지고 성장하는 곳이다. 사람들의 이야기가 함께 담겨져서 읽는 즐거움이 배가 된다.

읽는 내내 따뜻함이 느껴지는 것은 저자의 마음이 곱기 때문이다. 책에 사람 향기가 나는 것은 책에 소개된 사람들의 마음이 곱기 때문일 것이다. 책장을 덮어도 여운이 남는 것은 그 속삭임이 충만하기 때문이다. 여러모로 이 책은 소파에서 읽고 가슴으로 남기기 좋은 것들로 가득 차 있다.

안상헌 《인문학 공부법》 저자

세상에 책만한 게 없다

'살아오면서 얼마나 많은 책을 읽었는가? 어릴 때부터 남다른 독서광이었는가? 다른 사람들에게 책을 읽으라고 말할 만한가?' 책을 쓰면서 내게 묻고 또 물었다.

우리나라 성인의 평균 독서량보다는 조금 많이 읽는 나는 주변 어디서나 볼 수 있는 평범한 사람이다. 유명 독서가들처럼 수천 권의 책을 읽지도 않았고, 어려서는 교과서가 읽을거리의 전부인 환경에서 자랐다. 성인이 되어서는 30년이라는 세월을 책과 동고동락했다. 사서가 되었기 때문이다. 하지만 책은 내게 일이었고 생활의 수단이었다. 돌아보니 나는 책을 읽은 게 아니라 본 것이었다.

우연히 책을 읽기 시작하면서 지금까지와는 전혀 다른 세상을 경험하게 되었다. 그 세계는 무척 즐겁고 행복했다. 갖고 싶은 어떤 물건을 소유하게 되었을 때와는 다른 차원의 행복이었다. 그것은 말로 설명할 수 없지만 가슴 깊은 곳에서 차오르는 충만감이었다. 세상이 새롭게 보이고 한 권의 책을 읽을 때마다 정신이 한 뼘씩 자라는 것을 느낄 수 있었다.

나는 일주일에 한 권 정도의 책을 읽고 있다. 주말까지 읽으면 두 권도 읽는다. 하지만 한 권을 채 읽지 못할 때도 있다. 그렇다고 조바심을 내지는 않는다. 한 달에 한 권을 읽어도 우리나라 평균 독서량은 상회한다. 누구라도 한 권이든 두 권이든 책을 읽는 것이 중요하다. 그것은 자신이 현재에 머물지 않겠다는 의지의 실천이며 좀 더 나은 사람으로 변화하겠다는 행동이기 때문이다.

사실 유명 독서가의 책 읽기는 저절로 입이 벌어지고 고개가 갸웃해진다. 그 독서량이 엄청나기 때문이다. 일 년에 몇 백 권에서 많게는 1,000권 이상 읽는다고도 한다. 일 년에 300권만 읽으려 해도 일요일만 빼고 하루에 한 권씩 읽어야 한다. 일반인 특히 직장인이라면 어떻게 그게 가능할까. 도저히 넘을 수 없는 벽 앞에서 책 읽기는 남의 일이 되어버릴 수 있다. 오히려 일주일에 한 권을 읽더라도 내 일상에서 실천할 수 있는 책 읽기가 현실적으로 다가오지 않을까?

따라서 나의 독서량이 비록 일주일에 한 권을 읽어도 누군가는 책 읽는 시간에 대해 궁금해할지 모른다. 이런 나의 책 읽기 경험이 어떤 사람에게는 책을 읽을 수 있는 용기를 줄 수도 있겠다는 생각이 들었다. 그런 생각이 이 책을 완성하는 동력이 되고 자원이 되었다.

흔히 책은 할 일이 없거나 쉬는 시간에 읽는 것으로 생각한다. 하지만 너나 할 것 없이 바쁜 사람들에게 과연 책을 읽기 위한 시간이 주어질까? 한 조사에 의하면 2017년 우리나라 성인 10명 중 4명은 책을 한 권도 읽지 않는 것으로 나타났다. 독서량도 성인 평균 연 8.3권에 불과하다. 책을 읽지 않는 이유로는 '(일 때문에)시간이 없어서'를 첫째로 꼽았다. 이어서 '휴대 전화, 인터넷 게임을 하느라(시간이 없어서)', '다른 여가활동으로 시간이 없어서' 순이다. 첫째도, 둘째도, 셋째도 시간이 없어서 책을 읽을 수 없다고 한다.

그런데 사람들은 휴대 전화를 보는 데 하루 3시간 이상을 쓴다고 한다. 노는 것처럼 재미있기 때문이다. SNS에 올라온 글과 사진을 보고 있으면 30분, 1시간이 훌쩍 지나간다. 책도 휴대 전화를 보는 것처럼 재미있게 읽을 수 없을까? 파블로 피카소는 "일하고 있을 때 나는 쉬는 셈이다"고 했다. 우리는 흔히 쉬고 있을 때 놀고 있다고 말하곤 한다. 따라서 피카소에게 그림 그리는 시간은 노는 시간이기도 하다. 그래서 책 읽기도 어려운 일이 아니라 쉼을 주는 일, 즐겁게 노는 일이 되면 어떨까 생각했다. 그런 바람을 이 책에 담았다.

1장에서는 놀잇감인 책에 대해 먼저 알고 읽기를 권한다. 책에 대한 정보와 에피소드를 통해 책과 친숙해지고 책이 가진 가치를 생각해볼 수 있을 것이다.

2장에서는 책과 놀 수 있는 놀이터, 즉 책이 있는 장소에 대한 새로운 시각을 가질 수 있도록 이야기를 입혀봤다. 특별한 공간에서 책과 마주할 때 읽기가 더 재밌어지고 지속해서 읽을 수 있기 때문이다.

3장에서는 책과 왜 놀아야 하는지, 즉 책을 왜 읽는지 누구나 한 번쯤 생각해 봤을 법한 내용으로 묻고 답을 하면서 공감을 끌어내고자 했다.

4장에서는 이왕 책을 읽(놀)기로 했다면 어떻게 해야 즐겁게 잘 읽을(놀) 수 있는지 방법을 고민해보았다.

5장에서는 필자가 사서로서 책과 함께 보낸 시간을 되돌아보고 책을 읽기 시작하면서 어떤 마음가짐으로 읽었는지 그 과정과 책에 대한 생각을 담았다.

마지막으로 6장에서는 자기 일에 대한 열정으로 하루 24시간이 모자랄 것 같은 사람들의 이야기를 들어봤다. 그들이 책을 어떻게 읽고 책을 통해 어떤 삶을 살고 있는지 엿봄으로써 책을 읽고자 하는 사람들에게 도움이 되기를 바랐다.

숨 가쁘게 돌아가는 세상에서 책 말고도 고민하고 걱정해야 할 일이 참 많다. 청년들은 좁은 취업 문 앞에서, 중장년은 사오정이라 불리는 막막한 현실 앞에서 책 읽기는 어쩌면 사치라고 생각할지 모른다. 그럴수록 시간을 내서 책을 읽어야 한다. 책을 읽다 보면 자기가 처한 현실을 극복할 내면의 힘을 기를 수 있고 자신이 지향하는 미래를 향해 나아갈 용기를 얻을 수 있다. 어떤 상황에서도 자신을 지키고 일으킬 수 있는 것은 세상에 책만한 게 없다.

이 책은 아직 책과 친해지지 않은 사람, 책 읽기의 새로운 세상을 경험해 보지 못한 사람이 읽기를 권한다. 이제 막 책을 읽기 시작한 사람도 읽어보면 좋겠다. 누구라도 책을 읽다가 공감되는 부분에서 고개를 끄덕여준다면 필자로서 더할 나위 없는 기쁨과 보람을 얻게 될 것이다.

책을 쓰면서 주저앉았다 일어서기를 반복했다. 내게는 참 어려운 일이었다. 그럴 때마다 다시 노트북 자판을 두드릴 수 있도록 동기부여를 해준 리더스클럽의 유길문 회장님이 있었다. 진심으로 고개 숙여 감사드린다. 선배 저자이자 책 쓰기 코치인 이은정, 오경미 두 분에게도 무한 감사를 전하고 싶다. 부끄러운 원고를 끝까지 읽어주고 조언을 해주었을 뿐만 아니라 책으로 만들어 준 가림출판사 직원 분들에게도 깊은 감사를 드린다. 아울러 책을 쓰는 동안 옆에서 묵묵히 지켜보며 응원해준 남편, 사회의 일원으로서 제 몫을 다하고 있는 딸 보라, 아들 지훈이에게도 고마움을 전한다.

백명숙

차 례

4 ___ 나만의 책 읽기가 답이다 _ 즐겁게 읽는다

5 ___ 나에게 책은

6 ___ 그들에게 책은

가난한 자는 책으로 말미암아 부자가 되고
부자는 책으로 말미암아 존귀해진다.

고문진보

1장

책을
알자

책이
보인다

최초의 책은 사람 책

아주 바보 같은 한 남자가 있었다. 그 남자는 최초의 책을 찾기 위해 세계의 모든 도서관을 뒤졌다. 그는 매일 오래되어 누렇게 변하고 아무렇게나 흩어져 있는 곰팡이가 핀 책더미를 조사했다. 그러다가 결국 그 남자는 책장에 기대어 놓은 높은 사다리에서 떨어져 죽음을 맞았다. 그 남자가 사다리에서 떨어져 죽지 않았다면 과연 최초의 책을 찾을 수 있었을까?

최초의 책은 지금의 책과 다른 모습이었다. 책장에 꽂혀 있지도 않았고, 걸어 다니며 말과 노래도 할 수 있었다. 이게 무슨 말일까. 최초의 책은 살아 있는 사람이었기 때문이다. 문자가 없던 시대에는 당연히 책이 있을 리 없다. 대신 사람이 책 역할을 했다. 말 그대로 살아 있는 책이었다. 옛사람들은 어렸을 때부터 그들의 부모나 할머니에게 옛날이야기를 들었고 어른이 된 후에는 다시 그들의 아들과 딸, 손자와 손녀들에게 이야기를 들려주었다. 우리들의 할머니도 알고 보면 '사람 책'이었던 셈이다.

사람 책에 관한 재미있는 일화가 있다. 2000년 전 로마의 도시에 이텔리우스라는 부유한 남자가 살았다. 그는 매우 부자였고 필요한 것은 모두 가지고 있었으나 단 한 가지 교양이 없었다. 이텔리우스는 교양 있는 지식인들을 초대해서 만찬을 여는 것을 좋아했다. 만찬에서는 재미있고 재치 있는 대화들이 오갔지만, 그는 대화에 낄 수 없었다. 사람들은 그의 식탁에서 식사하고 뒤에서는 그의 무식함에 대해 조롱을 하곤 했다.

이런 일을 참을 수 없었던 그는 스스로 책을 읽어 교양인이 되려고 노력하는 대신에 꼼수를 생각해냈다. 집사를 시켜 200명의 똑똑하고 책을 읽을 수 있는 노예를 뽑아 그들이 좋아하는 책 한 권씩 정해 외우게 한 것이다. 노예들은 이름 대신에 일리아드, 오디세이, 아이네이스 등 외우고 있는 책의 이름으로 불렸다.

200명의 살아 있는 사람 책 도서관을 갖게 된 이텔리우스는 아주 만족스러워했다. 교양 있는 지식인들과 대화하는 중에 모르는 부분이 생기면 집사에게 신호했다. 그러면 집사가 벽을 따라 줄지어 선 노예들에게 손짓했고 무리에서 한 사람이 나와 외운 책의 적절한 구절을 암송했다.

그의 살아 있는 도서관은 로마에서 화젯거리가 되었다. 하지만 어느 날 벌어진 한 사건으로 이텔리우스는 로마의 웃음거리가 되었다. 그날도 연회에 참석한 손님들과 이야기하다가 이텔리우스가 아는 척을 하며 집사에게 신호를 보냈다. 집사는 노예들에게 손짓하는 대신 주인에게 무릎을 꿇으며 말했다.

"죄송합니다, 주인님. 일리아드가 오늘 배탈이 났습니다!"

2000년이 지난 지금은 문자로 인쇄된 종이책이 책을 대표한다. 하지만 사람 책이 완전히 없어진 것은 아니다. 아직도 여전히 살아 있다. 움직이고 걸어 다니고 말을 하며 심지어 도서관에서 대출할 수도 있다. 도서관에서 책을 찾을 때 목록을 뒤지듯이 사람 책도 목록을 뒤져 읽고 싶은 사람 책을 선정해서 빌려 볼 수 있다. 바로 '리빙 라이브러리'다. 고대 로마의 부자 이텔리우스의 사적 소유물이었던 사람 책 도서관이 현대에 와서 '리빙 라이브러리'로 부활한 것일까?

'리빙 라이브러리'는 사회운동가 로니 에버겔이 창안한 신개념의 이벤트성 도서관이다. 책을 대출하는 것처럼 사람을 대출하는 것으로 한 권의 '사람 책'과 다수의 독자가 40분 정도 이야기를 나누는 방식이다. 독자들은 읽고 싶은 사람 책과 마주 앉아 자유로운 대화를 통해 한 사람의 인생을 들을 수 있다.

리빙 라이브러리에는 다양한 삶이 있다. 김수정은 런던에서 열린 '리빙 라이브러리'에서 책(사람)을 읽(대화)은 경험담을 《나는 런던에서 사람 책을 읽는다》에 풀어놓았다. 그녀는 싱글맘, 예순 살의 가출 인생, 우울증 환자, 트렌스젠더 등 다양한 사람 책을 읽었다. 리빙 라이브러리에 등장한 책들은 우리 주변에 존재하지만 잘 알지는 못했던 사람들이었다. 그녀는 왠지 대면하기가 꺼려졌던 사람들을 '책'으로 읽으면서 그들을 이해하게 되었고 편견과 차별에 대해 생각해보는 기회가 되었다고 했다.

미래학자들은 책이 사라질 것이라며 책의 종말을 예언하고 있다. 가까운 미래에 인공지능이 사람을 대신해서 세상의 지식을 담당하게 될 것이라는 추측도 나온다. 최후의 책은 'AI'가 될 수 있을 것이라는 가정도 무리는 아니다. 하지만 인류가 멸망하지 않는 한 사람 책이 없어지지는 않을 것이다. 한 사람이 살아온 인생을 글로 다 쓰지 못하는 부분이 있기 때문이다. 한 사람의 말과 행동이 곧 책이 될 수 있는 이유이다.

내가 사람 책이 될 수도 있다. 나만의 살아온 이야기를 다른 누군가는 듣고 싶어 할지도 모른다. 이것이 사람 책이 필요한 이유이다. 《침대와 책》의 저자 정혜윤도 "우리는 모두 잃어버린 도서관 안에서 누군가의 손길을 기다리며 수 세기 동안 잠들지 못하는 한 권의 책이다"고 말했다.

사람 책은 누구나 될 수 있다. 하지만 아무나 되지 못한다. 누군가의 사람 책이 된다는 것은 자기만의 특별한 경험과 지식이 있어야 가능하다. 책에서 얻은 지식과 자신의 경험이 시너지를 일으킬 때 다른 사람이 읽고 싶어 하는 특별한 사람 책이 될 수 있다.

주변을 눈여겨보면 최초의 책인 사람 책이 곳곳에서 살아 움직이고 있다. 걸어다니며 말을 하고 있다. 이 책을 읽고 있는 당신도 그 중 한 명이 될 수 있다.

한 권의 책이 만들어지기까지

지난 봄 단아하고 앙증맞은 책 한 권이 내 손에 들어왔다. 요즘 서점에서 잘 팔린다는 이기주의 《언어의 온도》다. 직장 독서클럽에서 선정된 책으로 총무가 일괄 사서 전달해준 것이다. 작다고 해서 문고본은 또 아니다. 책을 받아 살펴보니 보라색 표지에 서명과 저자의 이름, 그리고 한 줄 카피가 전부다. 굳이 디자인 요소를 찾자면 표지 오른쪽에 원고지처럼 네모 칸을 세로로 그려 놓고 그 안에 책 제목 다섯 자를 박아놓은 것이 전부다. '참 깔끔하다'는 첫인상을 주는 책이었다. 책은 가로 11센티미터, 세로 18센티미터 밖에 안 된다. 장지갑을 잡듯 한 손으로 그러잡기에 충분하다. 가방에 지갑을 넣듯 쑥 넣고 다니면서 틈날 때마다 읽게 하려는 편집자의 의도가 반영된 건 아닌지 혼자서 괜한 억측(?)을 해봤다.

책은 용도에 따라 다양한 디자인과 크기로 만들어진다. 나는 그동안 도서관에서 많은 책을 다뤘다. 소설과 에세이 등 문학 장르의 책과 인문학 또는 경제·경영서의 책 편집이 다르다는 것을 감각으로 알고 있다. 그럼에도 새삼 책의 외형을 자세히 살펴보게 된 이유는 책에 대한 관심이 생겼기 때문이다. 이전에는 업무를 위해 기계적으로 한꺼번에 많은 책을 다루었기 때문에 책의 외형에 대해 깊이 있게 살펴보지 않았다. 그런데 책 읽기를 생활의 우선에 두니 책의 외형이 눈에 들어온다. 어떤 책은 유독 제목이 눈에 띄고 어떤 책은 표지의 강렬한 컬러와 독특한 디자인이 시선을 붙잡는다. 크고 작은 책 사이즈도 눈에 보이기 시작했다.

표지는 책의 첫인상이다. 저자나 편집자는 한 권의 책을 세상에 내놓을 때 제목과 표지에 심혈을 기울인다. 독자와 만나는 첫 대면이기 때문이다. 어떤 책의 경우 내용은 아주 훌륭하지만 표지 디자인이 좀 부족해 보이는 책이 있다. 반면 어떤 책은 내용이 알차면서 디자인까지 세련되어 소장 욕심을 불러일으키는 책이 있다. 이런 책을 만나면 읽는 재미에 보는 즐거움까지 더해지니 소위 말하는 일거양득이다.

한 사람의 표정과 옷차림을 보면 그 사람의 성격을 짐작할 수 있는 것처럼 책도 겉으로 보이는 외적인 요소를 통해 내용을 짐작할 수 있다. 한 권의 책을 선택하고 읽을 때 그 책의 외형이 지닌 가치도 간과할 수 없다는 말이다. 심지어 어떤 사람은 책의 표지에 이끌려 불빛에 취해 뜨거운 전구를 향해 뛰어드는 불나방처럼 덜컥 책을 사게 된다고 한다.

책은 인류가 문자를 사용하기 시작하면서 만들어지기 시작했다. 오래

전 고대 메소포타미아에서는 진흙을 네모 모양의 서판書板으로 만들어 문자를 기록했고, 이집트에서는 나일강변에서 자라는 파피루스를 종이와 비슷하게 만들어 두루마리 형태의 책을 만들었다. 이후 양피지가 발명되면서 오늘날 책의 전신이라고 할 수 있는 코덱스(낱장을 묶어서 표지로 싼 것)를 만들었다. 코덱스의 가장 큰 장점은 작고 소지하기가 편했다.

양피지는 종이가 출현할 때까지 유럽 전역에서 책을 제작하는 데 사용하는 가장 인기 있는 재료였다. 진흙 서판으로 코덱스를 만들기는 너무 무거웠고, 파피루스는 쉽게 부서졌다. 사실 양피지를 발명하게 된 계기는 이집트 프톨레마이오스 왕 덕분이다. 왕은 이웃 나라 페르가몬에 도서관이 생기자 알렉산드리아 도서관보다 책이 많아질 것을 우려해 파피루스의 생산 기술을 국가 기밀로 지키고 수출을 금지했다. 궁하면 통한다고 했던가. 책을 만들 재료를 구할 수 없던 페르가몬의 통치자 에우메네스 왕이 어쩔 수 없이 자신의 도서관을 위해 책을 만들 새로운 재료를 발명하도록 했다. 그것이 바로 양피지였다.

코덱스 형태로 만들어진 책은 모든 사람에게 환영받았다. 두루마리와 달리 양면에 글자를 쓸 수 있고 책장 면에는 여백이 생겼다. 여백은 읽는 사람이 언제든 쉽게 자신의 해석을 달 수 있다는 장점이 있었다. 오늘날 책의 여백이나 행간에 메모하는 독서법이 그때부터 시작되었다고 미루어 짐작할 수 있다. 또한 코덱스의 가장 큰 인기는 작아서 갖고 다니기 편하다는 점이었다.

지금 우리가 읽는 책은 출판사에서 원고의 내용과 책의 콘셉트에 맞게 디자인을 결정해서 편집한 후 인쇄를 거쳐 제본한 것이다. 물론 한 번에 대량으로 작업이 이루어진다. 그러나 15세기 중반까지만 해도 책은 필사자들이 일일이 손으로 만들었다. 그 때문에 책을 만드는 일은 시간이 오래 걸리고 아주 힘든 일이었다. 그렇게 제작되는 책은 극히 적었고 대단히 비싼 값으로 거래되었다. 책은 당연히 일부 특권층의 전유물이었고 권력과 부의 상징이 되었다. 적어도 1453년 독일에서 구텐베르크가 금속활자를 이용한 인쇄술을 발명하기 전까지는.

이 획기적인 사건으로 《42행 성서》가 인쇄되어 세상에 나왔다. 활자 인쇄본은 책을 만드는 시간을 단축해 많은 양을 인쇄할 수 있고, 값이 저렴해서 엄청난 관심과 기대를 한 몸에 받았다. 당시 피콜로미니라는 사람이 추기경에게 보냈다는 편지에 사람들이 책을 구하기 위해 줄을 서서 기다렸다는 내용이 있었다고 한다. 이로써 책은 더는 특권층이 독점하던 부와 권력의 상징이 되지 않았다.

인쇄기술의 발명으로 책이 쉽고 저렴한 비용으로 대량 제작되면서 책의 내용과 외형의 관계도 부각되었다. 또한 책을 구하기가 쉬워지면서 많은 사람이 개인 공간에서 혼자 책 읽기를 원했다. 이에 부응하여 출판업자들은 혼자서 쉽게 읽을 수 있는 좀 더 크기가 작은 책을 만들었다. 책의 크기가 다양해지기 시작한 것이다.

알베르토 망구엘도 《독서의 역사》에서 책을 읽을 때 용도나 읽을 장소에 따라 책의 외형을 고려한다고 말하고 있다.

침실에서 읽거나 독서대에서 읽기 위해, 아니면 기차 여행 때 읽거나 선물을 주기 위해 책을 고를 적에 나의 손길은 책의 내용 못지않게 모양새도 고려한다. 기념할 행사에 따라서, 아니면 책을 읽을 장소에 따라서, 작고 읽기 편한 책을 더 좋아할 때가 있고 두툼하고 내용이 알찬 책을 더 좋아할 때가 있다.

책은 크기의 다양함과 세련된 표지 디자인 등 저마다 독특하고 개성 넘치는 외양으로 독자들을 유혹하고 있다. 한 권의 책이 만들어지기까지 보이지 않는 곳에서 노력하는 이들이 있기에 상황에 따라 책을 고르고 읽는 재미가 있다. 즐거울 따름이다.

수명을 다하지 못하는 책

몇 년 전부터 우리 삶에서 미니멀리즘이 유행처럼 퍼졌다. 미니멀리즘은 '최소한도의, 최소의, 극미極微의'라는 minimal에 'ism'을 덧붙인 최소한주의라는 의미로 가장 단순하고 간결함을 추구하는 콘셉트다. 우리 사회에 미니멀리즘이 파고든 이유는 급속도로 변하는 정보사회의 복잡한 사회구조와 정보의 홍수 속에서 피로감을 느낀 현대인들이 단순하고 간단한 형태나 구조를 선호하게 되었기 때문일 것이다.

미니멀리즘의 바람을 타고 사람들은 자신의 주변이나 집안에 꼭 필요한 물건만 남기고 버리기 시작했다. 버리는 물건 중에 대표적인 것이 책이다. 미니멀리즘의 첫 번째 타깃이 된 것이다. 나도 예전에 책을 내다 버린 적이 있다. 미니멀리즘의 흐름을 탄 것은 아니고 이사를 할 때마다

짐을 정리하는 과정에서였다. 눈엣가시였던 30년이 지난 전집류, 바래서 누렇다 못해 거무튀튀하게 퇴색된 단행본들을 미련 없이 쓰레기장에 투척했다.

도서관에서도 수명이 다하거나 더는 소장가치가 없어진 책들을 처리한다. 도서관 용어로 장서를 폐기한다고 한다. 자료실이나 서고가 물리적으로 한정된 공간이다 보니 서가를 비워야 새 책이 들어갈 자리가 생기기 때문이다. 하지만 도서관은 가능한 많은 장서를 보존해야 하는 책무가 있다. 또한, 장서량으로 도서관의 규모를 판단하기도 하므로 도서관에서는 장서 수 확보에 신경을 쓰지 않을 수 없다. 그렇다고 막대한 예산이 들어가는 도서관을 선뜻 지을 수도 없는 일이다. 따라서 규정과 절차에 따라 일정 부분 책을 포기할 수밖에 없다.

장서를 폐기한다고 해서 아무 책이나 버리는 것은 아니다. 주로 발행된 지 30년 이상 된 책 중에 훼손되어 읽을 수 없는 책 혹은 개정판에 밀린 구판 도서들, 몇 해를 넘긴 참고서와 문제집, 15년 이상 된 과학기술 분야 도서 등 보존 가치가 현저히 떨어진 책이 폐기대상에 해당한다. 어떤 형태로든 수명이 다했다고 판단되는 책이다.

역사적으로 수많은 책이 그 수명을 다하지 못하고 파괴된 경우가 있었다. 엄청난 양의 책이 불태워졌는데 이를 두고 책이 학살되었다고 한다. 학살이라는 말은 살아 있는 대상을 잔혹하게 죽일 때 사용하는 말이다. 그렇다면 책을 과연 살아 있는 대상이라고 볼 수 있을까.

하와이 대학 문헌정보학과에서 학과장을 맡았던 레베카 크누스는 자신의 저서 《20세기 이데올로기, 책을 학살하다》에서 책의 파괴 행위에 대해 '학살'이라고 말했다. 20세기에 있었던 엄청난 책의 파괴 사건들을 '책의 학살'로 표현한 것이다. 책을 인간의 지성이 만들어낸 살아 있는 정신이라고 생각했기 때문이다.

크누스가 증언하는 학살의 규모는 상상 이상이다. 나치는 1939년 폴란드를 침공하면서 방화 특수부대를 만들어 수천만 권의 책을 불태웠는데 이는 폴란드 유대인들이 소유한 책의 70퍼센트에 해당하였다. 그나마 살아 남은 책들은 독일 학자들이 연구하기 위해 남겨둔 것이라고 한다. 그뿐만 아니라 체코에서도 200만 권 가량을 파괴했는데 이 역시 당시 체코의 전 도서관과 공문서 보관소에 있던 책의 절반에 해당되었다. 나치가 이처럼 책을 학살하게 된 배경은 바로 이데올로기였다. 적국의 '책'을 파괴함으로써 문화생산을 중지시키고 인종을 말살하기 위한 수단으로 삼기 위해서였다.

기원전에도 책을 불태운 유명한 사건이 있다. 동양에서는 진시황의 분서갱유가 있다. 진시황은 황제 지배체제를 유지하기 위해서 제자백가들의 사상을 통제해야 했는데 그 생각의 매체가 되는 책을 없애야 한다고 생각했다. 한편 서양에서는 알렉산드리아 대 도서관의 분서 사건이 있다. 알렉산드리아 대 도서관은 알렉산드리아 항구 옆에 세워진 인류 최초의 도서관이다. 기록에 의하면 당시 두루마리로 된 장서 70만 권이 소장되어 있었다고 한다. 이 엄청난 장서들이 통치자뿐만 아니라 정복자들에 의해 소실되었다.

기원전 47년경 카이사르의 암살을 피하려고 그의 연인 클레오파트라가 알렉산드리아 함대에 불을 지르면서 도서관이 함께 불탔고, 로마 황제 마르쿠스 아우렐리우스가 이집트를 정복했을 때도 도서관이 불탔다. 이후 이집트를 정복한 사라센 칼리프 오마르의 명에 따라 알렉산드리아 대도서관의 장서들은 6개월 동안 목욕탕의 땔감으로 사용되었다고 한다.

우리나라에서도 역사적으로 책이 그 수명을 다하지 못한 사건들이 있다. 당나라 이적이 고구려를 침략했을 때 전국에 산재하는 서책을 평양으로 모아놓고 보니 그 문물이 당만 못하지 않음을 시기하고 못마땅하게 여겨 모두 불살랐다. 이후 조선 시대에도 임진왜란을 겪으면서 또 많은 책이 소실되었다.

윌리엄 블레이즈는 《책의 적》에서 책의 존재를 위협하고 파괴했던 주요 4적을 물, 불, 벌레, 인간이라고 거론했다. 이 중 책을 파괴하려는 의지의 문제로 볼 때 인간이 가장 강력한 적이라고 했다. 이처럼 책은 외부로부터 가해지는 여러 물리적인 해를 피하지 못한다. 하지만 남태우 교수는 "사서들이 보기에 책의 운명을 결정한 진짜 이유는 시간이었다"고 했다. 인류가 존재해온 "엄청난 세월 앞에서 책의 소실과 파괴는 불가피한 일"이었다고 한다. 하지만 인간과 시간 어느 쪽이 책의 수명을 더 위협하는 존재였을까.

인류가 존재하는 한 지금 이 시각에도 책은 세상 곳곳에서 만들어지고, 반면 어디선가는 파괴되고 있을 것이다. 수명을 다한 책이든, 그렇지 않은 책이든. 하지만 책 파괴에 앞장서는 인간을 막을 수 있는 것은 인간 밖에 없다. 인간의 의지로 책의 수명을 늘릴 수도 있고, 줄일 수도 있기 때문이다. 만약 이 순간 미니멀리즘을 실천하기 위해 책을 버리기로 마음 먹었다면 그 책의 수명이 다 되었는지, 수명이 아직 남아있다면 구할 방법은 없는지 1분만 더 생각해보자. 책은 인간의 지성이 만들어낸 살아 있는 정신이므로.

독서가인가 애서가인가

Book 8년 전쯤 서울의 M 대학도서관을 방문했다. 내가 근무하는 대학도서관을 신축하는 과정에서 선진 도서관을 보고 배우기 위해서였다. M 대학도서관은 당시 정보기술의 트렌드였던 유비쿼터스 디지털도서관의 대표도서관이었다. 도서관을 둘러보던 중 안내하던 직원이 특별한 곳이라며 한 자료실을 소개했다. 우리는 그 방에 들어간 순간 감탄사를 연발했다. 한국학자료실이라는 그곳은 마치 중세 유럽 귀족의 서재 느낌이었다. 카펫이 깔린 방 전체를 둘러서 진열한 책장에는 세계에서 수집한 책들이 빼곡히 들어차 있었다. 한쪽에 놓인 클래식한 스타일의 책상이 방의 품격을 더해주었다. 자료실의 정식 명칭은 LG연암문고다.

그곳의 자료는 이용을 위한 장서라기보다 소장용이었다. 대학의 오너가 외국에서 출판된 책 중에 한국과 관련된 내용이 있으면 가격과 상관없이 수집한 것이라고 했다. 비용을 불문하고 어렵게 수집한 책이기에 특별한 관리가 필요했을 것이다. 그 대학의 오너는 애서가였을까? 장서가였을까?

문헌정보학 용어사전에 의하면 '애서가'는 '도서를 좋아하여 수집하거나 소장하는 사람, 도서의 내용을 읽기보다는 도서를 물건으로 소유하는 데에 관심을 두는 사람'이며, '장서가'는 '책을 체계적으로 수집하여 많이 가지고 있는 사람'이라고 되어 있다. 그럼 '독서가'는 당연히 책을 많이 읽는 사람이 될 것이다. 하지만 이는 단지 용어의 정의에 불과하다. 실제로는 독서가가 애서가와 장서가일 가능성이 높다. 독서가는 기본적으로 책을 좋아하고 사랑하기 때문에 애서가가 될 것이고, 자신이 읽은 책만으로도 충분히 장서가가 될 것이다. 따라서 애서가와 장서가, 독서가를 정확하게 구분하기는 모호한 부분이 있다. 물론 내 생각이다.

독서를 좋아하는 사람들은 습관처럼 책을 사서 모은다. 그들의 책장에는 이미 읽은 책, 읽어야 할 책으로 꽉 차 있다. 《책은 나름의 운명을 지닌다》의 저자 표정훈도 5,000권 내외의 개인 장서를 소장하고 있다 하니 장서가가 틀림없다. 그는 새로 옮긴 집에서 제일 큰 방을 서재로 정했다. 큰 방이긴 하지만 5,000여 권의 책을 수용하기엔 부족하여 거실, 베란다, 그리고 침실에까지 서가를 추가로 놓았다고 한다. 하지만 책 대부분을 방 하나에 둘 수 있다는 것이 그동안 누려보지 못한 호사라고 고백하고 있다. 가장 큰 방을 서재로 사용하다 보니 나머지 작은 방에서 가족들이 불편하게 지내야 하고, 책 때문에 부부가 각방을 쓰게 되어 집안 유목민 신세가 되었다고도 한다. 책이 집안의 가장 큰 공간을 차지하고 가족들은 불편한 생활을 감수하고 있다는 그 또한 애서가임이 틀림없다. 책을 사랑하지 않고는 주요 생활공간을 온통 책으로 채울 리 없기 때문이다. 그리고 그가 독서가가 아니고서는 그 많은 책을 지니고 있지 않을 것이다.

역사 속에서 나폴레옹이 진정한 독서가이자 애서가였다는 사실은 누구나 아는 이야기다. 그가 읽은 책 권수만으로도 그는 대단한 장서가였다. 그는 52년 생애에 8,000권의 책을 읽은 것으로 전해진다. 워털루에서 패전한 그가 세인트 헬레나에 유배된 기간은 대충 5년 6개월 정도라고 한다. 그런데 나폴레옹이 세상을 떠난 후 유품을 정리할 때 그의 서재에는 2,700권의 책이 꽂혀 있었다고 한다. 황제의 몸으로서 죽음의 섬으로 유배를 가는 황망한 중에도 괴테의 《젊은 베르테르의 슬픔》을 가지고 떠났다는 이야기는 지금도 세상에 널리 회자되고 있다. 절망에 빠져 자포자기 상황인 외딴 섬에서 2,700권의 책을 구했다는 것 자체가 가히 독서가요 애서가다운 모습이다. 더구나 그가 소장한 책 권수는 이미 장서가로 칭할 만하다.

다음은 톰 라비Tom Raabe의 책을 다룰 때 지켜야 할 십계명이다.

1) 모든 방문객은 들어선 즉시 신을 벗어 이 서재의 성지에 경의를 표한다.
2) 펜을 비롯한 모든 필기구는 출입문에서 확인을 받는다.
3) 책을 만지기 전 출입문에서 받은 장미 향수 그릇에 손을 씻는다.
4) 손을 씻은 후 역시 출입문에서 받은 작은 비닐장갑을 착용한다.
5) 서가에서 책을 뽑을 때 책등 끄트머리를 잡지 않도록 한다. 그보다는 중국 명나라 시대의 꽃병을 다루듯이 두 손으로 책을 다루도록 한다.
6) 책 쪽을 향해 숨을 쉬고 침을 내뱉고 재채기와 기침을 하고 가래를 흘리는 등 어떤 것도 해서는 안 된다.
7) 책 한 귀퉁이를 접어 페이지를 표시하거나 심지어 그렇게 할 생각을 하는 사람은 차고에 있는 단두대로 즉시 인도한다.
8) 책의 페이지를 넘겨보고 싶은 사람은 각 서가 끝에 있는 특별 제작된 종이칼을 사용해야 한다.
9) 손가락에 침을 묻혀 페이지를 넘기는 사람은 즉시 교살당할 것이다.
10) 책등에 금이 가게 하는 자는 즉시 이 서재의 주인에게 보고할 것이며 그런 자의 두개골에도 금이 갈 것이다.

책을 귀하게 여기던 시절에 책을 다루는 방법일 터이다.《책 이야기》에서 이 글을 소개한 남태우 교수도 애서가로서 이해할 만하다고 했다. 이처럼 무시무시한 계율을 정해서까지 책을 지키고자 했던 사람들의 책사랑이 참으로 인상적이다. 하지만 책은 지키는 것보다 읽었을 때 비로소 그 가치가 발현된다. 따라서 책을 '지킬 때'의 십계명을 '읽을 때'

지켜야 할 십계명으로 내용을 바꿔보면 어떨까. 계율에 따르다 보면 독서가가 되고 애서가도 될 것이며 읽은 책이 늘어나니 장서가도 되지 않겠는가.

책에 미친 사람들

어떤 한 가지 일에 몹시 열중하는 사람을 마니아라고 한다. 마니아의 어원은 그리스어로 '광기狂氣'란 뜻이다. 흔히 알고 있는 미쳤다*는 말로 대신하기도 한다. 둘 다 비슷한 말이지만 어쩐지 '마니아'는 긍정적, '미쳤다'는 부정적 어감으로 들린다. 가령 영화 마니아는 영화를 아주 좋아하여 해박한 지식을 가지고 있는 사람으로 생각되지만, 영화에 미친 사람이라고 하면 삶의 다양성을 무시하고 오직 영화에만 매달리는 사람이라고 느껴진다. 마니아든 미쳤든 인생에서 무언가 좋아하는 것에 몰두하고 전념하는 것은 자신의 삶을 풍요롭게 하고 만족감을 주기 때문에 가치 있고 멋진 일임이 틀림없다. 하지만 과유불급이라고 했다. '지나침은 부족함과 마찬가지'라는 뜻이다. 여기 책에 미쳐서 자신의 인생을 송두리째 던져버린 사람들이 있다.

책에 미친 사람들은 책을 너무나 사랑해서 다른 사람들보다 더 많은 관심을 기울이고 더 많이 소유하려고 한다. 소유하는 것이 사랑의 본질은 아니다. 하지만 이들은 가능한 책을 자신의 것으로 만들어서 바라보는 즐거움을 만끽하려고 한다. 사랑하는 연인을 항상 옆에 두고 싶어 하듯 때로는 어떤 책을 세상에서 오직 자신만이 유일하게 가지고 있기를 원한다. 그래서 유일무이의 만족을 위해 재산은 물론이고 무엇이든 과감하게 지불한다. 그것이 사람임에도 불구하고.

명나라 선비 주대소는 평소 중국에서 가장 값이 나간다는 송판본을 소유하고 싶은 욕심이 있었다. 어느 날 한 집을 찾아갔다가 뜻밖에도 송판으로 된 《후한서》를 발견했다. 깜짝 놀란 그는 이를 넘겨줄 것을 책 주인에게 간청해 보았지만, 주인은 책을 팔지 않겠다고 했다. 많은 돈을 준다고 해도 꿈쩍하지 않았다. 결국, 주대소는 자신의 애첩과 책을 바꾸기로 했다.

주대소의 애첩은 자신이 책과 바뀌어 떠나가게 된 심정을 시로 한 수 지어 벽에다 붙여놓고 갔다. 시는 책 대신 다른 주인에게 팔린 자신의 처지를 한탄하고 있는 내용이다. 그래도 책과 바꿨으니 말과 바꿨다는 얘기보다는 낫다는 이야기이다.

> 본의 아니게 이 집을 떠나가지만
> 그 옛날 애첩을 말馬과 바꿨다는 얘기보다는 낫겠지
> 언젠가 재회하더라도 후회일랑 말기를

무심한 봄바람만 길가의 나뭇가지에 불어대네.

이 시를 본 주대소는 어떤 심정이었을까? 애첩과 바꾼 그 책이 사람의 자리를 대신할 수 있었을까? 적어도 자신이 원하는 책을 손에 넣는 순간까지는 인간적인 감정 따위는 염두에 두지 않았을지 모른다. 하지만 이 시를 본 주대소는 충격을 받았다. 책을 꽂아놓고 바라보는 즐거움은 이내 사라지고 애첩의 빈자리는 갈수록 커졌다. 그는 결국 상심이 커져 세상을 떠나고 말았다.

우리나라에도 책에 미친 사람들이 있었다. 조선 시대 정윤과 그의 부친 정희교라는 사람이다. 정윤 부자가 사는 집은 1,000여 권의 책을 쌓아두어서 책이 차지하는 자리가 사람이 앉고 눕는 자리의 배나 되었다. 어떤 이가 아버지 정희교에게 책을 팔아 아들 정윤을 장가보내는 것이 어떻겠냐고 권하자 정희교는 손을 내저으면서 "차라리 자손이 없는 것이 낫지 이 책이 없어서는 안 되오"라고 하였다. 아들이 장가들어 자손이 생기면 집이 작아 책을 놓을 공간이 없어질 것을 염려한 것이었을까? 정희교가 나이 여든이 넘어 세상을 떠나자 아들 정윤은 아버지의 묘에 그 책을 모두 순장했다. 죽어서 무덤까지 책을 가지고 갔으니 가히 광적인 그들의 집착은 책에 미치지 않고는 할 수 없는 일이었다.

책에 미친 사람들은 주로 희귀도서를 사 모은다. 항상 새로운 도서를 찾아다니고, 모든 수단을 동원하여 소유하려고 한다. 그들에게 책은 읽기 위한 것이기보다는 보물이고 소장품이며 진기한 물건이다. 당시의 책은 대부분 고가이기 때문에 소유하기 위해서는 막강한 재력이 뒷받침되어야 한다. 특히 희귀본을 손에 넣으려면 엄청난 금전을 지불해야 가능하다. 우습게도 책에 미친 사람들은 책값을 지불할 능력이 없는 경우 책 도둑이 되기도 한다.

　자신이 원하는 희귀도서를 손에 넣기 위해 단순히 책을 훔치는데 그치지 않고 폭력과 살인까지 자행한 미치광이도 있었다. 19세기 초 한 경매장에 1482년의 희귀도서가 경매에 나왔다. 이 희귀본은 세상에 하나밖에 없는 유일본이었다. 이탈리아 수도원의 사제 돈 빈센트는 이 희귀본인 유일본을 차지하려고 했지만 다른 사람의 손에 넘어가고 말았다.

　얼마 안 있어 그 희귀본의 소유자가 살해되는 일이 벌어졌다. 한편 빈센트는 자신이 몸담았던 수도원에서 훔쳐낸 책으로 바르셀로나에서 고서점을 운영하고 있었는데 수사관들이 그를 체포했다. 그의 집에서 문제의 희귀도서를 찾아냈던 것이다. 그는 결국 사형에 처해졌는데 사형 집행장에서 "내가 가지고 있었던 희귀본이 유일본이 아니다. 나의 것이 유일본이 아니다"라고 외쳤다고 한다. 그가 이 희귀도서와 똑같은 책이 파리에도 있다는 사실을 알게 되었기 때문이다. 그는 책 때문에 실성하고 만 것이다.

　하지만 책을 좋아하고 사랑하는 사람들은 대부분 자신의 재력과 꾸준한 노력으로 장서를 늘린다. 그들은 자신들이 평생 수집한 장서를 대중을 위해 기증하기도 하고 그들이 소장했던 희귀본이 학문 연구에 지대한 공헌을 할 수 있는 귀중한 자료가 되기도 했다. 때문에 그들은 존경과 존중을 받았다. 극히 일부만이 잘못된 책 사랑으로 인하여 부적절한 방법으로 책을 소유하면서 비난을 받았다. 미꾸라지 한 마리가 웅덩이 전체를 흙탕물로 만들듯이.

책을 좋아하고 사랑해서 정당한 방법으로 많은 책을 소유하고자 하는 사람들에게 책에 미쳤다고 하는 것보다 책 마니아라 부르고 싶다. 둘 다 뜻은 비슷하지만, 책 마니아가 더 부드럽고 지적인 어감을 주기 때문이다.

책 도둑은 도둑이 아니다?

Book 강원도 정선군의 아리랑 박물관에서 국내 단 한 권뿐인 희귀서적이 도난당했다. 1941년 뉴욕에서 발간된 '아리랑 초판본'이었다. 이 서적은 당시 100권이 발행되었는데 현재 전 세계에 50여 권, 국내에는 단 1권만 존재하는 희귀서적이다. 범인으로 한 50대 남자가 붙잡혔다. 그는 나쁜 마음을 품고 의도적으로 책을 훔친 것이 아니라 가난했던 유학 시절 영문으로 읽었던 책인데 당시에 후반부를 읽지 못했다며 박물관에서 책을 보는 순간 옛날 생각도 나고 소중히 읽고 싶은 욕심이 생겨 일을 저질렀다고 했다. 박물관 측은 그의 순간적인 욕심에서 일어난 절도를 안타깝게 생각하여 선처를 호소했다고 한다. 경찰도 150만 원에서 400만 원에 거래되는 희귀서적이지만 판매 목적이 아닌 순수한 그의 의도를 고려할 방침이라고 밝혔

다. 이를 볼 때 우리나라는 아직도 책 도둑에 대한 사회적인 인식이 너 그러운 모양이다. 그가 그 책의 후반부를 읽을 수 있는 방법이 책을 훔 치는 것 말고는 없었을까?

'책 도둑은 도둑이 아니다'는 말이 있다. 이 말은 옛날 학문에 뜻을 둔 가난한 선비가 책을 구하지 못해 슬쩍하거나 주인 허락 없이 책을 가져 다가 필사한 후 돌려준 것에서 비롯한 말이다. 책이 귀해서 그렇게라도 하지 않으면 가난한 선비들은 책을 접할 방법이 없었기 때문에 책을 훔 치더라도 너그러이 용서해야 한다는 인식이 있었다.

재미있고 유익한 《일화집》을 남긴 프랑스의 작가 탈망 데 레오는 훔 친 책을 팔지 않고 단순히 소장하려는 목적이라면 책 도둑질은 범죄가 아니라고 했다. 책에 대해서는 그것이 도둑질이라고 해도 눈감아주는 인심이 서양이라고 다르지 않았던 것 같다. 하지만 이런 인심을 무색하 게 하는 이야기가 있다.

20세기 희대의 책 도둑 블럼버그에 관한 일화다. 그는 1968년쯤부터 도서관에 침입하여 책을 훔치기 시작했다. 그는 품이 넉넉한 옷을 입고 도서관에 들어가 옷 안쪽의 큼직한 주머니에 책을 숨겨 나왔다. 그렇게 가지고 나온 책들을 트럭으로 실어 날라 자신의 집과 여러 장소에 서가 를 들여놓고 보관했다. 그가 거쳐 간 도서관은 미네소타 대학, 하버드 대학 등 총 286개 도서관이었고, 그가 훔친 책은 모두 2만 3,600권이었 으며 그중 희귀본이 2만 권이었다.

그에게 피해를 보지 않은 도서관은 탐낼 만한 희귀본을 소장하지 못한 '별 볼 일 없는 도서관'이 되어 도서관의 자존심을 상했다는 웃지 못할 아이러니도 발생했다. 그는 결국 1988년 3월 동업자의 고발로 경찰에 체포되었다. 훔친 책은 시가로 2,000만 달러에 달했지만, 책을 훔친 목적은 돈이 아니었다. "책을 팔 생각은 전혀 없었다. 다른 사람들을 위해 책을 보존하고, 어떤 특권도 갖지 못한 젊은이들과 나누려고 했다"는 게 그가 밝힌 범행동기였다. 사실 그는 밤새워 책 읽는 게 몸에 배어서 제대로 된 잠을 거의 자지 않았던 것으로 알려져 있다. 책 그 자체 외에 아무것도 필요 없었던 그의 범행은 선처를 받았을까?

법원은 그에게 징역 5년 11개월에 벌금 20만 달러를 선고했다. 책 도둑질도 엄연히 범죄행위라는 것이 증명되었다. 실제로 메사추세츠 주에서는 도서관에서 책을 훔친 사람에게 최고 2만 5,000달러의 벌금이나 5년 이하의 징역형에 처할 수 있는 법률을 통과시키기도 했다.

한편 현대의 도서관에서도 책을 지키기 위해 자료실마다 도난방지 시스템을 설치해두고 있다. 이용자가 정당한 대출 절차를 밟지 않고 책을 가지고 나갈 때 시스템이 경보를 울려준다. 경보음의 원인을 밝히는 과정에서 이용자의 가방에서 대출하지 않은 책이 발견되는 경우가 있다. 물론 흔하게 일어나는 일은 아니다. 실수로 대출처리를 하지 않았거나 책을 갖고 싶은 마음에 순간적으로 양심에 눈을 감은 극히 일부의 일이다.

옛날 중세 시대 수도원에서는 책 도난을 방지하기 위해 책을 서가나 책상에 쇠사슬로 묶어놓았다. 책이 귀했기 때문에 취한 조치였을 것이다. 오늘날 책이 귀하기는 그때보다 덜하겠지만 지금도 여전히 책 도난 방지를 위하여 다양한 장비를 활용하고 있다. 그게 쇠사슬 대신 IT 장비로 바뀌었을 뿐이다.

책을 훔치는 일은 책이 귀하고 비싸서 자신이 원하는 책을 가질 수 없던 시절에 어쩔 수 없이 선택한 차선이었을 것이다. 그곳이 도서관이나 서점이었고, 다른 사람의 서재이기도 했다. 책은 그 안에 담긴 내용으로 판단할 때 지금도 여전히 가치 있고 귀하게 여겨진다. 하지만 소유하고자 하는 물건으로써의 책은 옛날처럼 비싸고 귀한 것이 아니다. 누구라도 쉽게 구할 수 있다. 만약 책 살 돈이 부족하거나 아깝다면 도서관에 가서 정당하게 빌려 보면 된다. 책 도둑은 도둑이 아니라는 책에 대한 너그러운 인심도 옛말이 되어버린 지금, 세상에 책을 읽는 방법은 두 가지다. 빌려서 읽거나 사서 읽는 것이다.

좋은 책을 고르는 법

책을 읽기 위해서 먼저 거쳐야 할 관문이 있다. 좋은 책을 골라야 한다. 이왕 책을 읽기로 마음먹었다면 아무 책이나 읽어서는 안 된다. 음식도 몸에 좋은 음식과 나쁜 음식이 있듯이 책도 정신에 이로운 책이 있고 해로운 책이 있다. 몸에 좋은 음식을 골라 먹듯이 책도 좋은 책을 골라 읽어야 한다.

좋은 책을 고르기란 생각처럼 쉽지 않으며, 한마디로 정의하기도 어렵다. 홍수처럼 쏟아지는 수많은 책 중에서 좋은 책을 고른다는 것은 책을 판단하는 내공을 필요로 한다. 일반적으로 좋은 책은 독자에게 즐거움과 행복을 주어야 하고, 인생을 풍요롭게 하며 지금보다 나은 미래로 인도하는 책이어야 한다. 그런 책은 오랜 세월을 버티면서 그 가치를 잃지 않고 꾸준히 사람들에게 존경받는다. 아마 수천 년 동안 사람들의 입에 오르내리는 동서양의 고전이 대표적으로 이에 해당한다.

고전이 좋은 책이라는 것은 누구나 인정한다. 문제는 읽어내기가 어렵다는 것. 독서력이 어느 정도 수준에 이른 사람이 아니고서는 처음부터 도전하기가 쉽지 않다. 고전이 마음의 양식이 되는 좋은 책이라는 이유로 무턱대고 읽기 시작하다가는 오히려 책 읽기에 흥미가 떨어질 수 있다. 좋은 약이 입에 쓴 것처럼 좋은 책은 읽는 과정에서 고통을 안겨주기 때문이다. 이런 경험이 독서를 회피하는 이유가 된다면 이는 독서의 아이러니다. 따라서 고전은 어떤 사람에게는 좋은 책이 될 수 있지만 어떤 이에게는 아닐 수도 있다.

몇 년 전 공부 모임에 참여하면서 과제 하나를 받았다. 플라톤의 《향연》을 읽고 그 책에서 연설자로 나온 인물들의 연설내용을 나의 글로 요약하는 것이었다. 《향연》의 원제목은 '심포지엄'이며 주요 내용은 에로스(사랑)에 대한 철학적 논쟁이다. 《향연》은 대화체로 되어 있다. 더구나 내용의 전개방식이 이중구조의 화법으로 되어 있다. 아폴로도로스가 아리스토데모스에게 들었던 이야기를 그의 친구에게 들려주는 형식이다. 몰입과도 같은 집중을 하지 않으면 이야기의 주체가 누구인지 놓치게 된다. 내용은 7명의 연설자가 에로스에 대해 연설을 하는데 핵심은 플라톤이 스승인 소크라테스의 입을 통해 자기 생각을 말하는 것이다.

《향연》을 읽고 나의 글로 요약하는 일은 쉽지 않았다. 우선 내용을 일목요연하게 정리하는 데 어려움을 겪었다. 때로 우리나라 말임에도 불구하고 쏙쏙 이해되지 않는 문장이 있다지만 일천한 나의 독서력으로는 어렵고 힘든 책이었다. 과제라는 의무가 부여되었기에 그나마 참고 읽어낼 수 있었다. 고전이라는 이유로 읽기에 도전했다면 몇 페이지 읽다가 포기하고 말았을 것이다. 만약 내가 《향연》을 어렵고 난해하다는 이유로 중간에 읽기를 포기해버렸다면 그 책은 내게 좋은 책으로 남을 수 있었을까? 아마 고전에 대한 부정적 경험으로 또다시 도전하지 못했을 것이다. 동기야 어찌됐든 그 책을 끝까지 읽고 요약을 마쳤다. 어려운 책을 읽어냈다는 성취감도 들었다. 그러니 《향연》은 내게 좋은 책이었다고 말할 수 있다.

좋은 책, 즉 자신에게 맞는 책을 어떻게 골라야 할까? 먼저 서점이나 도서관에 자주 가볼 것을 권한다. 책도 자주 살펴봐야 보는 눈이 생긴다. 책을 보면서 관심이 가는 책이 있으면 먼저 저자가 어떤 사람인지 찾아본다. 저자가 해당 주제의 전문가라면 일단 믿어도 된다. 다음은 목차를 읽어본다. 목차는 대부분 책의 키워드를 포함하고 있기 때문에 목차만으로 책의 내용을 대충 짐작할 수 있다. 그러고도 부족하다 싶으면 서문을 읽어본다. 서문을 보면 저자가 왜 그 책을 썼는지 알 수 있기 때문이다. 그렇게 자세히 들여다보면 내가 원하는 책인지 내 수준에 맞는 책인지 판단이 설 것이다.

베스트셀러도 관심을 가져본다. 사람들이 많이 읽는 데는 이유가 있다. 하지만 베스트셀러가 모두 좋은 책이 아니라는 사실은 염두에 두어야 한다. 베스트셀러보다는 스테디셀러가 좋은 책일 확률이 많다. 사람들에게 오랫동안 읽히는 책은 그만큼 내용이 믿을 만하기 때문이다.

도서관에서 서가 사이를 열심히 돌아다니며 책을 뽑아보는 것도 서점과는 다른 느낌으로 좋은 책을 보는 안목이 생긴다. 도서관의 책은 사서의 판단을 거친 책들이기 때문이다. 게다가 좋은 책이지만 절판되어 서점에서 판매하지 않는 책도 그곳에는 있다.

자신의 판단을 믿을 수 없다면 서평을 참고한다. 서평이야말로 좋은 책을 고르는 기준이 될 수 있다. 서평은 대부분 독서전문가가 쓴다. 주로 분야를 따지지 않는 열혈 독서가, 전문 서평가, 작가, 평론가들이다. 이들은 대부분 엄선된 책을 읽고 개인 블로그 등에 리뷰를 쓰거나 서평집을 내기도 한다. 그들의 리뷰나 서평을 읽고 자신에게 맞는 책을 선택하면 된다. 인터넷 서점의 독자 리뷰도 참고가 된다. 전문 서평가 중에는 인터넷 서점에서 리뷰를 열심히 썼던 사람도 있다.

책의 외형도 좋은 책의 한 요소가 된다. 보기 좋은 떡이 먹기도 좋다는 말이 있다. 내용이 충실하면서 보기에도 품격이 느껴진다면 좋은 책이라고 봐도 무방하다. 적절한 삽화, 선명한 사진, 적당한 활자 크기와 읽기 편한 서체, 종이 질, 세련된 표지 디자인 등 어느 것 하나도 소홀히 할 수 없는, 책을 구성하는 외형요소이기 때문이다. 최근 출판업계에서도 옛날에 출판되었던 책을 표지 디자인만 바꿔서 한정판으로 재출간한 책들이 독자들의 소장용으로 불티나게 팔렸다고 한다.

이 시간에도 수많은 책이 서점으로 쏟아져 나오고 있다. 매체들은 책의 홍수라고 표현하기도 한다. 물밀 듯이 쏟아지는 책 속에서 내게 즐거움을 주고 마음의 양식이 되는 책을 선택한다면 당연히 좋은 책이어야할 것이다. 좋은 책이란 자신의 독서 수준으로 읽어낼 수 있는 책이다. 남들이 좋은 책이라고 해서 덜컥 읽겠다고 도전했다가 너무 어려워 읽지 못한다면 오히려 책과 멀어지는 사태가 일어날지도 모른다. 결국, 좋은 책을 선택하는 안목은 자신의 독서 수준을 정확히 아는 데서 시작된다. 약간의 정신집중을 필요로 하고 읽고 난 후 성취의 기쁨을 누릴 수 있는 책, 그런 책이 자신에게 좋은 책이 된다.

책은 자신에게 관심을 주고 읽어주면 반드시 보답한다. 어떤 형태로든 사람을 꿈틀거리게 한다. 책을 읽고 꿈틀거리는 나를 느낀다면 그 책은 좋은 책일 가능성이 크다.

넘치는 책 쉽게 찾으려면

"책이 너무 많아요. 어떻게 정리하면 좋을까요?"

　내 직업이 사서라는 것을 아는 사람들이 자주 하는 질문이다. 책 정리는 사서의 전문영역이다. 그런 질문을 받을 때마다 전문성을 인정받는 것 같아 으쓱한 마음에 최대한 자세히 설명해주곤 한다.

　책을 사 모으다 보면 어느 사이 책장에 책이 꽉 찬다. 그리고 어느 날 필요한 책을 찾는 중에 같은 책을 서로 다른 곳에서 발견하기도 한다. 웬만한 장서를 가지고 있는 사람들은 이런 일을 한두 번 경험해봤을 것이다. 사서인 나도 집에 있는 책을 정리해놓지 않아서 같은 책을 또 산 적이 몇 번 있다.

　개인 장서가 좀 되는 사람들은 책을 체계적으로 정리할 필요가 있다.

집에 책이 몇 권쯤 있어야 체계적으로 관리할 필요가 있을까?

인문학 연구자 최성희 씨는 한 사람이 갖고 있기에 2,000~3,000권 정도가 적당하다고 말한다. 그는 대학 때부터 책 중독이었던 자신이 청계천을 비롯하여 서울 시내 헌책방을 순례하면서 모은 책이 5,000권 정도되었는데 어느 순간 자기가 무슨 책을 샀는지도 모르는 일이 생겼다. 그래서 마음먹고 책을 처분하니 2,000~3,000권이 되었다고 한다. 결국, 책은 자기가 감당할 수 있는 능력 안에서 관리하는 게 현명하다고 느꼈다는 것이다. 그러나 그것도 적은 양은 아니므로 분류가 중요하다.

도서관에 가보면 서가마다 측면에 주제가 적힌 안내판이 있다. 혹은 자료실 기둥이나 벽에 보기 쉽게 정리된 '십진분류표'가 부착되어 있다.

도서관에서는 모든 책을 이 십진분류표의 주제에 따라 분류하여(대학에서는 '듀이십진분류표'를 사용하기도 한다) 같은 주제의 책을 모아 놓는다. 서점에서도 고객이 책을 쉽게 찾을 수 있도록 주제별로 구역을 나누어서 진열해 놓는다. 도서관이든 서점이든 책을 주제별로 관리하는 이유는 이용자가 원하는 책을 쉽고 빠르게 찾을 수 있도록 하기 위해서다. 하물며 마트에 가더라도 모든 물건이 종류별로 진열되어 있다. 그래야 원하는 물건을 쉽게 찾을 수 있기 때문이다.

도서관의 분류방법을 따르자면 '한국십진분류법'이라는 분류표도 있어야 하고, 분류하는 방법도 알아야 한다. 하지만 이런 방법은 수만에서 수백만의 책을 소장한 도서관에서 이루어지는 전문적인 분류 방법이다.

대신 서점에서는 도서관과는 다른 방법으로 책을 분류하고 있다.

도서관의 십진분류법에 의한 주제와 서점의 주제(서점마다 분류 키워드가 약간 다르나 여기서는 교보문고를 예로 들었음)를 비교해보자.

한국십진분류법(KDC)		서점(교보문고)의 분류법
000	총류	소설, 시 / 에세이
100	철학	경제 / 경영
200	종교	자기계발
300	사회과학	인문
400	순수과학	역사 / 문화, 종교
500	기술과학	정치 / 사회
600	예술	예술 / 대중문화
700	언어	과학, 기술 / 공학
800	문학	컴퓨터 / IT
900	역사	가정 / 육아
		건강, 여행, 요리

즉 도서관에서 사용하는 한국십진분류에 의한 주제는 학문적으로 나누는 분류이고, 서점에서 나누어 놓은 주제는 접근성을 고려한 주제임을 알 수 있을 것이다. 따라서 2,000~3,000권 정도의 개인 장서를 분류하고자 한다면 좀 더 현실적인 서점의 주제 분류에 따를 것을 제안한다.

우선 집 안의 책장을 서점의 주제 키워드를 참고하여 칸을 나누어 놓는다. 주제는 잘 알 수 있도록 서가에 라벨을 붙이거나 표시를 해둔다.

그리고 해당 주제에 관련 주제의 책을 꽂으면 된다. 이렇게 하면 관련 주제끼리 책이 모여 있으니 쉽게 찾을 수 있다. 하지만 어느 한 주제에 관한 책이 많은 경우에는 좀 더 세분할 필요가 있다. 도서관에서는 같은 주제의 책을 저자 이름의 가나다 순서에 의해 서가에 정리한다. 이렇게 하면 특정 저자의 책을 한눈에 파악할 수 있어서 계획적으로 독서를 하는 데 유용하기 때문이다.

정리해보면
첫째, 주제별로 책장의 칸을 나눈다. 이때 소장하고 있는 책의 수량을 파악해서 나누되, 앞으로 늘어날 양을 고려해서 넉넉하게 비워둔다.
둘째, 책장에 주제를 표시한다.
셋째, 해당 주제의 책장에 책을 배열한다. 같은 주제의 책을 배열하는 순서는 서명 혹은 저자의 '가나다' 순서로 한다.

가령 '자기계발' 도서 몇 권을 같은 주제에서 서명의 가나다 순서대로 정리하면 다음과 같다.
① 더 시너지 (유길문 저)
② 아파트, 신뢰를 담다 (유나연 저)
③ 여행 보내주는 남자 (박배균 저)
④ 지금 당장 도서관으로 가라 (유길문 저)
⑤ 책 쓰는 사장 (유길문 저)

이를 저자명의 가나다 순서대로 정리하면 다음과 같다.

① 여행 보내주는 남자 (박배균 저)

② 더 시너지 (유길문 저)

③ 지금 당장 도서관으로 가라 (유길문 저)

④ 책 쓰는 사장 (유길문 저)

⑤ 아파트, 신뢰를 담다 (유나연 저)

자신만의 독특한 키워드를 정해서 분류해도 된다. 제주에 펜션과 함께 운영되는 '바람도서관'의 분류 주제는 '나를 찾아서', '생의 동반자', '녹색의 바람' 등으로 나뉘어 있다. 도서관에서 사용하는 한국십진분류법은 바람도서관의 장서 특성에 맞지 않아 주인이 직접 주제를 정했다고 한다.

분류의 목적은 책을 책장에서 쉽고 빠르게 찾기 위한 것이다. 여기에 목록을 겸해서 정리해 놓으면 소장하고 있는 책의 권수까지 파악할 수 있다. 비록 개인 장서라 해도 책을 정리하고 관리할 필요가 있을 때 참고해 보면 좋을 것이다.

책을 읽는 데에
어찌 장소를 가릴소냐.

퇴계 이황

2장

책을
만나자

책이 있는
풍경에서

도서관의 변신은 무죄

$\mathcal{B}ook$ "오늘날은 과거의 전통적이고 권위적인 도서관 형태에 얽매일 필요가 없다고 생각합니다. 도서관은 이제 더 이상 옛날 책의 보관소였던 곳이 아닙니다."

홍콩의 건축가 아론 탄Aron Tan이 한 대학도서관 개관식에서 한 말이다. 그는 세계적인 건축가로 홍콩의 AIA 빌딩과 인도 하얏트 호텔 등을 설계했다. 한국의 W 호텔과 쉐라톤그랜드워커힐 호텔도 그의 작품이다. 그가 한국에 또 하나의 작품을 설계했다. '스타센터'라는 이름의 전주대학교 도서관이다.

2011년에 개관한 도서관은 당시 대학도서관으로서는 대단히 파격적이었다. 도서관에 푸드코트, 컴퓨터센터, 컨벤션센터 등이 함께 있어서 자연스럽게 학생들이 모이고 머물 수 있는 캠퍼스 몰의 역할을 하도록 설계했다. 학생들은 캠퍼스를 오가며 도서관에 들러서 자연스럽게 책을 보고, 수업을 받고, 배고프면 먹기도 하면서 온종일 머물 수 있는 곳이 되었다.

건물의 2층과 3층을 잇는 2.5층이라는 특별한 공간도 도서관을 이용하는 재미와 매력 중의 하나다. 자료실마다 똑같은 공간이 한 곳도 없다. 물 흐르듯이 자연스럽게 건물을 따라 걷다보면 자칫 길을 잃고 헤맬 수도 있다. 하지만 복잡한 공간에서 느끼는 다양한 체험이 오히려 신선하고 재미있다.

독자 중 스타센터에 와 본 사람이 있다면 도서관의 컬러에 깜짝 놀랐을 것이다. 도서관 벽과 기둥 색깔이 레드라니. 레드 컬러는 설계 콘셉트에 의해 중심부에서 가장자리 위치로 가면서 핑크가 되기도 하고 연한 오렌지가 되기도 한다. 기존의 고정관념으로는 도저히 상상할 수 없는 대학도서관의 이런 컬러는 밝은 아이보리 색상의 서가와 조화를 이루며 오히려 생동감을 느끼게 한다.

개관한지 벌써 몇 년이 지났지만 지금도 이런 도서관이라면 온종일 머물러도 싫증나지 않을 것이다. 도서관에서 서가 숲을 거닐다가 마음에 드는 책 한 권 뽑아 채광 좋은 창가의 테이블에 앉아 읽는다면 책 내용이 저절로 머릿속에 들어오고 시간이 멈춘 듯 그 순간을 오래도록 붙잡고 싶을 것이다.

스타센터를 처음 방문한 사람 중에 첫인상을 마치 외국의 도서관에 온 듯하다고 말하는 사람들이 있었다. 외국의 어떤 도서관을 닮았을까?

아마 파리의 퐁피두도서관이 아닐까. 퐁피두도서관은 백창화, 김병록의 《유럽의 아날로그 책 공간》에서 "종일 책을 읽을 수 있는 것은 물론이고, 영화를 보거나 음악을 듣고 혹은 카페테리아에서 먹거나 복도에 기대앉아 깜박 졸 수도 있는 곳"이라고 소개했다. 스타센터는 개관 초기 이처럼 많은 방문객으로부터 찬사를 받으며 도서관의 변신은 무죄라는 말이 무색하지 않을 만큼 그 인기가 대단했다.

도서관의 변신은 계속되고 있다. 2017년 5월 31일 코엑스몰의 중심 센트럴플라자에 개장한 '별마당도서관'이 그중 하나다. 도서관에 들어서면 13미터 높이의 대형 책장에 빼곡히 꽂힌 5만여 권의 책이 사람들을 압도한다. 이 거대한 책 탑을 보고 감탄하지 않을 사람은 없을 것이다. 도서관이나 서재의 분위기를 한층 돋워주기 위해 마련된 서가라고 한다. 사람 손이 닿는 3미터 높이 이상에는 장식용 책을 비치했다. 아이패드로 볼 수 있는 전자책 코너와 600여 종의 잡지 코너도 눈길을 사로잡는다.

쇼핑몰 한가운데 도서관을 만들 생각을 어떻게 했을까? 회원가입이나 별다른 절차 없이 누구나 자유롭게 책을 읽을 수 있도록 했다는 점도 도서관에서 근무했던 사서로서 놀랍다. 더구나 수많은 인파가 오가는 쇼핑몰 한가운데서 도난방지시설 하나 없이 개방된 도서관이라니. 무엇보다 일부 비어 있는 책장 공간은 시민들이 기부한 책으로 채울 예정이라고 한다. 매월 11일을 '책 나눔의 날'로 정해서 시민들의 참여와 관심을 끌어내려는 아이디어도 참신하다. 도서관에서 커피와 음식물 섭취가 가능하다는 점도 기존 도서관의 상식을 깬다. 대형 서재에서 카페 느낌 또는 은은한 조명의 서재 분위기로 책을 읽을 수 있는 정녕 흔하지 않은 도서관이다.

꿈을 펼친다는 의미로 이름 붙여졌다는 별마당도서관에서는 책만 읽을 수 있는 것이 아니다. 저자와의 토크쇼와 시 낭송회, 명사 초청 강연회, 음악이 있는 북 콘서트 등 책을 주제로 하는 다채로운 문화행사가 열린다. 또한, 크리스마스나 연말이 되면 특별한 이벤트가 열리는 등 일주일 내내 하루도 빠지지 않고 문화의 향연이 열린다. 멈춤, 비움, 채움 그리고 낭만 이 네 가지 키워드로 대표되는 별마당도서관은 우리 곁에 언제나 열려 있다. 개관 1년 만에 2,000만 명 이상이 다녀갈 정도로 인기를 끌고 있는 특별한 도서관이다.

우리가 알고 있던 전통적인 도서관은 어떤 모습이었는가. 도심에서 멀리 떨어져 있고 권위적인 분위기에 이용자를 배려하기보다 관리 위주의 시설이 더 눈에 띄었다. 그러나 이제 도서관은 예전과는 비교도 안 될 만큼 최고의 시설을 자랑하며 이용자를 맞이하고 있다. 여기서 또 일본의 유명한 관광지로 떠오른 '다케오 시립도서관'을 생각하지 않을 수 없다. 별마당도서관이 이 다케오 시립도서관을 롤 모델로 했다고 한다.

일본의 사가현에 있는 인구 5만 명의 작은 도시 다케오는 시립도서관을 2013년 재단장하면서 연간 100만 명의 방문객이 방문하는 명소로 바뀌었다. 기존의 도서관답지 않게 25만 권에 달하는 책을 언제든지 펼쳐볼 수 있도록 진열했고, 유명 커피전문점을 입점시켜 도서관 이용객에게 편의를 제공했다. 도서관이 대박을 터트리자 일본 곳곳에서는 '시골 마을의 도서관 혁명'이 벌어지고 있다고 했다. 아론 탄의 말처럼 '도서관은 이제 더 이상 옛날 책의 보관소였던 곳이 아니다'라는 것을 실감하게 한다.

멀게만 느껴졌던 도서관이 친근하게 우리 생활 반경 안으로 들어오고 있다. 집 주변에 있는 도서관을 하나 점찍어 놓고 시장에 다녀오다가 들러 책 한 권 장바구니에 넣어서 돌아오는 것도 좋고, 지인과 만나 차 한 잔하는 만남의 장소로 이용하는 것도 생활의 소소한 행복일 것이다. 여성편력의 대명사로 불리는 카사노바도 "내 생의 마지막에 행복을 찾을 수 있었던 곳은 오직 도서관뿐이었다"고 말했다. 카사노바처럼 도서관이 여러분의 삶에서 또 하나의 행복을 발견하는 곳이 될지 누가 알겠는가.

새로운 모습으로 변신한 도서관. 그런 공간이 주는 호사를 맘껏 즐기며 책을 만나보자. 앞으로도 어느 곳에서 어떤 도서관이 무슨 모습으로 변신해서 우리를 또 놀라게 할지 사뭇 기대가 크다.

이야기가 있는 서점

"낯선 사람을 냉대하지 말라, 그들은 천사일지도
모르므로."

파리 시내의 서점 '셰익스피어 앤 컴퍼니' 전면에 걸려 있다는 글이다.
어떤 서점일까?

미국 여성 실비아 비치는 1919년에 윌리엄 셰익스피어를 정신적 동
업자로 하여 파리에 서점을 열었다. 그녀의 서점에서는 책을 빌려주기
도 했는데 앙드레 지드가 이곳에서 회원으로 가입하여 책을 빌려 읽었
고, 스콧 피츠제럴드와 헤밍웨이도 이곳을 자주 찾았다. 제임스 조이스
역시 서점의 회원이었다. 제임스 조이스는 당시 《율리시즈》를 집필하고
있었는데 미국과 영국에서 작품이 지나치게 외설적이라는 이유로 출간

을 할 수 없었다. 이 글을 연재하던 잡지 발행인은 외설물 출간 죄로 재판을 받아 파산했고 잡지는 폐간되었다. 실비아는 이 위대한 작품이 사라지는 것을 안타깝게 여겨 '무삭제 완전판'으로 자신이 직접 책을 출간했다. 이것이 이 서점의 명성을 최고조로 올려준 사건이었다. 이는 문학을 사랑하는 한 서점 주인이 20세기의 가장 위대한 작품 가운데 하나를 우리에게 남겨준 것이기도 하다. 당시 서점이 문학인들에게 어떤 영향을 미쳤는지 짐작해볼 수 있다.

그러나 1941년 나치가 파리를 점령하면서 서점은 문을 닫게 되고 실비아는 수용소에 끌려가 6개월을 살고 나온다. 그녀는 다시 서점을 열지 않았는데, 1951년 센 강 근처에 '르 미스트랄'이라는 서점을 연 미국인 조지 휘트먼과 교류하며 많은 이야기를 나눈다. 실비아가 사망하자 휘트먼은 그녀의 모든 장서를 인수하고 서점 이름을 '셰익스피어 앤 컴퍼니'로 바꾼다.

새 서점 주인이 된 휘트먼은 작가의 꿈을 키우는 무명인들에게 서점의 한 공간을 내주고 먹을 것을 주고 잠을 재워주었다. 많은 작가 지망생들이 이 서점에서 책을 읽고 쓰고 팔았다. 작가 지망생뿐만 아니라 서점이 공짜로 재워준다는 소문이 나면서 잠잘 곳이 필요한 많은 사람이 서점으로 몰려들었다. 2000년이 되었을 때 이 서점에서 자고 간 사람의 숫자는 4만 명이 넘었다고 한다. 서점의 전면에 걸려 있는 '낯선 사람을 냉대하지 말라. 그들은 변장한 천사일지 모르니'라는 글귀는 휘트먼의 이런 정신을 고스란히 반영하고 있음을 알 수 있다. 그냥 마음씨 좋은 한 사람의 어록쯤으로 생각했는데 서점 주인의 깊은 인간애를 알고 나니 글귀가 한 글자씩 천천히 마음으로 읽힌다. 그 서점에 가면 나도 낯선 사람이므로.

하지만 서점은 영화 〈비포 선셋〉이라는 영화로 더 유명해졌다. 이 영화의 전편이라고 할 수 있는 〈비포 선라이즈〉가 1995년에 개봉되었다. 남녀가 유럽여행 중 우연히 기차에서 만나 서로에게 호감을 느끼고 하룻밤 짧은 사랑을 나눈다. 6개월 후 다시 만날 것을 기약하지만 서로의 사정은 이를 허락하지 않았다. 그로부터 9년이 지난 2004년에 감독은 전편에 출연한 배우들을 주인공으로 내세워 9년 만의 재회를 그린다. 〈비포 선셋〉이다. 영화는 그사이 작가로 성공한 남자주인공이 파리의 한 서점에서 자신의 책을 홍보하다 우연히 여자주인공을 만나는 것으로 시작된다. 그 서점이 바로 '셰익스피어 앤 컴퍼니'이다. 서점은 지금 이 영화의 향수에 젖은 여행객들이 즐겨 찾는 명소가 되었다고 한다.

우리나라에도 이처럼 오랜 역사를 지닌 서점이 있을까? 한국 최초의 서점인 '종로서적'을 기억하는 사람들이 많을 것이다. 종로서적은 1907년 종로에 터를 잡은 뒤 95년 동안 자리를 지켜오다가 2002년 문을 닫았다. 그리고 14년 후인 2016년에 복합문화공간으로 다시 문을 열었다. 서점은 책을 구하기 어렵던 시절 책과 지식의 공급자 역할을 톡톡히 해냈던 유서 깊은 장소였다. 비록 원래의 그 자리는 아니지만 종로서적이 재탄생한 것은 서점을 다시 살려야 한다는 많은 출판인들과 과거 종로서적에서 근무했었던 직원들의 후원과 관심 덕분이었다고 한다.

서점은 1980년 광화문에 문을 연 교보문고와 함께 만남의 장소로도 유명했다. 나 역시 서울에서 잠시 머물던 20대 초반 종로서적 아니면 교보문고가 주된 약속 장소였다. 서점이 만남의 장소이기만 한 것은 아니었다. 책을 살 돈이 없으면 아예 서가 한쪽에 기대서 책 한 권을 다 읽고 나오기도 했다. 물론 서점 직원의 눈치를 살펴야 했다. 그런데 지금은 대형서점이 먼저 고객을 위한 테이블과 간이의자를 마련했다. 아예 도서관처럼 책을 읽을 수 있도록 독서공간을 제공하고 있다. 실제로 2015년 광화문 교보문고에는 최대 100인이 이용할 수 있는 독서테이블을 설치했다고 한다. 고객 입장에서 반가운 일이 아닐 수 없다.

하지만 책을 인터넷으로 주문하면 빠르게는 당일에도 배송되고, 다음 날이면 받아볼 수 있는 편리한 시스템이 서점으로 가는 사람들의 발목을 잡고 있다. 사람들이 서점에 오지 않으니 테이블과 의자를 마련하는 것도 서점으로 손님을 오게 하려는 하나의 전략이었을 것이다. 한국서점조합연합회에 따르면 국내 전체 서점 수가 2015년 말 기준 2,116개로 10년인 2005년 3,429개보다 38퍼센트나 줄었다고 한다. 오프라인 서점의 위기가 아닐 수 없다. 그래서 서점들은 독자들을 불러들이기 위해 콘서트를 열고 각종 강연을 유치하기도 한다. 커피를 마시며 책을 읽는 문화 형성에도 앞장서고 있다.

새로운 바람은 일본에서 불어왔다. 그 중심에 쓰타야 서점이 있다. 앞서 소개한 일본의 유명 관광지인 다케오 시립도서관의 운영을 맡아 성공시키기도 한 쓰타야 서점은 도쿄 근교에 있는 다이칸야마에 2011년 문을 열었다. 이후 일본의 오랜 불경기와 함께 독서 인구가 줄어들고 서점들이 경영난을 이기지 못해 문을 닫고 있는 상황임에도 불구하고 2014

년에 1,109억 엔(약 1조 1,200억 원)의 매출을 기록하는 등 일본 오프라인 서점 매출 1위를 유지하고 있다. 이 서점에서는 무슨 일이 일어났던 것일까? 무엇이 독자들의 지갑을 열게 했을까?

한마디로 라이프 스타일을 파는 형태로 서점을 운영하기 시작한 것이다. 쓰타야 서점의 최고경영자는 서점에서 책이 아닌 라이프 스타일을 팔 수 있다고 생각했다. 고객들의 인터넷 구매 확산 속에서 오프라인 매장이기에 가능한 제안과 기획을 통한 서점 운영이 고객들의 변화된 삶에 맞아 떨어진 것이다.

예를 들어 여행 서적 코너는 커피 전문점 스타벅스와 자연스럽게 연결돼 있다. 고객은 여유롭게 커피를 마시며 여행 관련 책이나 잡지를 읽다가 비행기 티켓을 예매하고 싶은 생각이 들면 바로 옆에 마련된 여행사 부스에서 곧바로 상담할 수 있다. 요리 서적 코너에는 요리책, 잡지, 미슐랭 가이드와 마스코트가 진열되어 있다. 그 한쪽에 접시들을 놓아서 책을 보다가 요리와 어울리는 접시를 함께 구매할 수 있도록 했다. 매장 안에 빽빽이 책만 진열된 우리나라 서점과는 너무나 다른 모습이다.

최근 우리나라 서점 관계자들도 쓰타야 서점을 배우기 위해 방문한다고 한다. 누구든지 와서 편안하게 자신만의 시간을 보낼 수 있는 무장해제의 공간, 그게 서점이기에 더욱 특별하다. 디지털기기에 빠져 대화가 사라지는 삭막한 시대를 사는 현대인들에게 꼭 필요한 공간이 아닐까? 그러고 보니 주변에 근사한 모습의 서점들이 하나둘 눈에 띄기 시작한다. 그런 서점에서 나만의 이야기를 만들어보면 어떨까?

작은 책방의 매력

Book 대형서점의 위세에 눌려 한동안 하나둘 자취를 감추던 동네 서점들이 새로운 모습으로 탈바꿈하고 있다. 살아남기 위한 동네 서점들의 작은 몸부림으로 시작되었으나 이제는 하나의 현상이 되고 있다. 동네 서점은 모든 장르의 책이 있어야 한다는 고정관념을 깨고 특정 분야의 책만 모아서 파는 전문 서점으로 혹은 일반 서점에서 팔지 않는 독립출판물만을 취급하는 작은 책방으로 거듭나고 있다. 독립출판물은 책 제작부터 제본, 인쇄까지 개인 혹은 소수가 협업을 통해 출판한 책이다. 게다가 이런 소규모 책방 주인의 취향은 세련되거나 독특해서 책방 공간을 이색적으로 꾸미기 때문에 일반 서점의 모습과는 분위기가 사뭇 다르다. 특히 주인의 특별한 이야기가 있는 책방이라면 더욱 가보고 싶어진다.

이런 독특한 책방은 이미 소개가 되어 유명세를 얻고 있는 곳도 있다. 인터넷에서도 조금만 관심을 가지고 검색하면 블로그 등에 자세히 소개되어 있다. 그중 인상 깊은 책방이 있다.

'책방이곳'은 주인의 남다른 취향과 안목이 서점을 꽉꽉 채우고 있다. 책방의 책들은 대부분 주인이 읽었거나 나중에 읽으려고 준비해둔 책이라고 한다. 캠핑과 제주를 좋아하는 주인 덕분에 제주와 관련된 책 코너가 따로 있고, 캠핑 장비와 소품이 인테리어 역할을 톡톡히 하는 곳이다. 한쪽 벽면을 채운 사진도 볼거리다. 만약 당신이 책방 주인과 독서 취향이 같다면 좋은 친구가 될 수도 있을 것이다.

전주에도 인터넷 세상에서 꽤 알려진 '조지오웰의 혜안'이라는 작은 책방이 있다. 책방이 내가 사는 지역에 있어서 찾아가보기로 했다. 히말라야의 설산을 사진으로 보는 것과 직접 눈으로 보는 것의 차이처럼 인터넷에 올라온 정보로 아는 것과 방문해보는 것의 느낌은 분명 다를 테니까.

책방은 한옥마을과 이어진 서학 예술인마을 초입에 있다. 공방 몇 개를 지나다 보면 이국적인 느낌의 붉은 어닝 간판에 책방 이름이 크게 쓰여 있어 지나가는 이의 시선을 붙잡는다. 바로 내가 찾던 책방이다. 반가운 마음에 문을 밀었으나 잠겨 있다. 다행히 유리 너머로 책방 안은 불이 환히 밝혀져 있다. 밖에서 구경하는 이들을 위한 주인의 배려인 듯싶다.

책방 밖에서 안을 들여다보며 기웃거리고 있자 옆에 있는 공방 대표가 와서 아는 체를 하며 책방 주인의 전화번호를 가르쳐주었다. 이내 주인이 와서 반갑게 맞아주고 커피까지 대접받았다. 단지 책을 사고파는 일반 서점이라면 일어날 수 없는 일이다. 책방 안을 천천히 살펴보았다. 작은 책방답게 마주 보는 두 개의 벽면에 책장을 놓았고 가운데 공간에 책을 진열한 커다란 테이블이 자리했다. 책이 많지는 않지만 그래서 더 눈에 잘 들어오고 한 권 한 권 책을 살피며 고르기도 쉬워 보였다.

책방 전면에는 주인이 수집한 책들을 표지가 잘 보이게 진열해 놓았고 바로 옆에는 작은 테이블에 꽃병과 몇 종류의 출판물을 《밥 딜런 : 시가 된 노래들》과 함께 코디해 놓았다. 책은 인문학 전문서점답게 문학, 역사, 철학, 심리학 관련 책이 대부분이다. 조지 오웰의 자전소설이라는 부제가 붙은 《파리와 런던의 밑바닥 생활》, 진중권의 《고로 나는 존재하는 고양이》에 눈길이 갔다. 하지만 다구치 미키토의 《동네서점》을 집어 들었다. 작은 책방과 딱 어울리는 책이라고 생각하면서 계산을 했다. 마음과 손이 따로 행동하는 구매였다. 혹시 이 글을 쓰기 위해 도움이 될 내용이 있지 않을까 하는 꼼수(?)가 작용했으리라. 반값에 판매하는 동네 주민들의 책 코너도 인상적이었다. 책방이 동네 사람들과 소통하고 있음을 알 수 있었다.

주인은 조지 오웰의 소설 《1984》를 읽고 너무나 큰 충격과 감명을 받았다고 한다. 그 뒤로 조지 오웰을 좋아하게 되었고 책방도 '조지 오웰의 혜안'이라고 이름 지었다. 이곳에 자리를 잡은 것도 원래 한옥마을에 여행을 왔다가 서학 예술인마을에 들렀는데 동네가 너무나 조용하고 마음에 들어 눌러앉게 되었다고 한다. 사실은 대학에서 불문학을 전공하고 한동안 프랑스에서 살았는데 동네마다 작은 책방이 있는 것을 보고 한국에 돌아가면 조용한 동네에 예쁜 책방을 차리고 싶은 마음이 들었단다. 그 조용한 동네가 바로 이곳 서학 예술인마을이었다.

　우리가 사는 주변에 관심을 가지면 상상력을 자극하는 이색적인 작은 책방들을 찾을 수 있다. 우리나라에서 처음으로 맥주를 마시면서 책을 볼 수 있는 서점으로 문을 연 '북바이북 2호점', 한적한 시골 마을의 버스 종점에 자리 잡고 있는 컨테이너 책방, 공중전화 부스가 책방으로 깜찍하게 변신한 곳, 혼자만의 공간에서 책을 읽는 가장 작고 속 편한 화장실 책방 등 독특한 작은 책방들이 눈길을 끈다.
　이처럼 의외의 공간에서 맞이하는 작은 책방을 보면 미소를 짓지 않을 수 없다. 《동네서점》의 저자 다구치 미키토는 "책 한 권 한 권을 어떻게 만날까. 읽고 싶은 책을 어떻게 만날 수 있을까. 그 체험의 축적이 독서에 대한 욕구로 이어진다"고 말했다. 책과의 만남은 어디든 상관없다는 말이다.

　내가 사는 동네 골목을 천천히 걷다 보면 카페도 아니면서 카페 같은, 서점이 아닌 것 같은데 분명 서점인 그런 곳이 있다. 걸음을 멈추고 들여다보면 작은 책방이다. 그런 곳에서는 주인과 차를 나누며 세상 이야기도 편하게 할 수 있다. 물론 책 한 권 사 들고 나오지 않을 수 없다.

뜻밖의 보물을 발견하는 헌책방

Book 오래전 외출을 했다가 우연히 헌책방을 들렀다. 그때 눈에 띄는 책이 있었다. 정확히는 남편의 눈에 띈 책이다. 1950년대 지식인과 학생층에 폭발적인 인기를 끌었던 '사상계思想界'였다. 김지하의 시 〈오적〉을 게재한 것이 문제가 되어 1970년 폐간처분을 받아 우리나라 지성인들을 안타깝게 만들기도 했던 잡지다. 서점 주인은 "이런 책은 도서관에서 사주는 책이라 헌책방에는 잘 나오지 않는다. 사놓으면 절대 후회하지 않을 것이다"고 말했다. 서점 주인의 말에 혹해서였는지 모르겠으나 하여튼 그날 사상계 창간호인 1952년 9월호부터 1957년 12월호까지 영인본으로 제작된 24권을 집으로 가져 왔다. 헌책방이 아니고는 만날 수 없다는 이유였다.

당시 전주에는 헌책방 골목이 있었다. 시내에 나가면 일부러 들러서 책 구경을 하다가 맘에 드는 책이 있으면 한 권씩 사곤 했다. 그러다가 온라인으로 책을 구입할 수 있게 되면서 헌책방을 멀리하게 되었다. 온라인 서점에서는 발행된 지 오래된 책을 할인받거나 심지어 반값에도 살 수 있었으니 굳이 헌책방을 이용할 필요를 느끼지 않았다. 골목에 즐비해 있던 헌책방들도 하나둘씩 사라지거나 다른 업종으로 변경되었다.

그런데 2014년 11월 도서정가제가 시행되면서부터 헌책방을 다시 이용하기 시작했다. 온라인서점의 할인 혜택을 받을 수 없게 되었기 때문이다. 대형서점의 인터넷 매장에서 중고 책을 판매하는 시스템도 헌책을 사는 계기가 되었다. 인터넷으로 책을 살 때는 헌책이 있는지부터 먼저 확인하고 구매여부를 진행한다. 인터넷 서점에서 책을 쇼핑하다가 자체 보유한 중고도서가 있으면 재빨리 장바구니에 담는다. 할인가격에 배송비까지 절약할 수 있으니 횡재한 기분마저 든다.

예전, 헌책방에 대한 기억을 더듬어보면 허름한 건물, 켜켜이 쌓여있는 무질서한 책장, 미처 풀지 못한 노끈으로 묶여있는 책더미 등이 떠오른다. 그 안에서 한 권의 책을 찾기 위해 보물찾기하듯 책장을 살펴야 했다. 실제 헌책방을 운영하는 어떤 주인은 손님을 끌 '미끼 책' 한두 권을 책장 사이사이에 놓아둔다고 한다. 손님이 책장을 둘러보다가 '발견'하는 재미를 주기 위해서란다. 헌책방을 운영하는 주인의 전략이겠지만 책장을 둘러보다가 그런 미끼를 발견할 때 헌책방을 이용하는 맛을 느낄 수 있을 것이다.

영화 〈내부자들〉에서 눈길을 끄는 장면이 있었다. 우장훈 검사(조승우 분)가 정치깡패 안상구(이병헌 분)를 피신시키기 위해 갔던 곳으로 숲속에 있는 매우 허름한 헌책방이었다. 흡사 산속에 방치된 폐가와도 같던 책방은 '귀곡책방'이라고 하면 딱 어울리는 곳이었다. 나는 영화 촬영을 위해 산속에 일부러 꾸민 세트장이라고 생각했다. 그런데 실제 영업을 하고 있는 헌책방이었다. '숲속의 헌책방'으로 불리는 충북 단양군 적성면 현곡리에 있는 새한서점으로 옛날 헌책방의 모습과 기억을 재현해 주는 서점이었다.

서점을 찾아가는 길은 구불구불한 마을 길을 지나 산속으로 이어져 있었다. 마주 오는 차량을 비키기도 쉽지 않은 외진 길이다. 그나마 작년에 단양군에서 제작해 준 '숲속의 헌책방 새한서점'이라는 이정표가 있어 어렵지 않게 찾아갈 수 있었다. 서점 주인은 왜 인적도 없는 산속에서 헌책을 팔게 되었을까?

책방 주인 이금석(65세) 씨는 고향 제천을 떠나 서울로 올라가 학창 시절을 보낸 뒤 1979년 헌책방 새한서점을 열었다. 고려대학교 근처에서 꽤 크게 운영하던 헌책방이었다. 하지만 책이 점점 팔리지 않자 임대료가 부담스러웠다. 마침 동업 관계에 있던 업체가 온라인 판매를 제안했다. 온라인으로 책을 판다면 장소가 문제 되지 않을 것이라고 생각했다. 그는 2002년 단양에 있는 폐교 적성초등학교를 임대했다. 13만여 권에 달하는 책을 옮기고 온라인 작업을 하다가 업체는 부도가 났다. 혼자 남아 아르바이트 인력을 써가며 등록 작업을 마쳤지만, 책은 생각처럼 팔리지 않았고 폐교의 임대료마저 감당하기 힘들었다. 계속 늘어나는 적자를 감당할 수 없던 이 씨는 현재의 서점이 있는 현곡리로 서점을 옮겨 왔다. 적성초교에서 쓰던 책장과 폐자재를 옮겨와 서가를 만들고 책들을 분류했다. 지붕은 천막을 덮어 시늉만 냈다. 바닥 공사는 예산이 없어 엄두도 내지 못하고 흙바닥을 그대로 썼다. 책을 옮기는 데만도 무려 7개월이나 걸렸다. 이후에 이 씨의 친구가 패널을 기증해줘 지금의 지붕이 완성되었다. 책 상태는 관리가 안 되어서인지 기대 이하였다.

이 씨는 작년에 건강에 문제가 생겼다. 뇌경색으로 입원을 하게 되자 서울에서 직장을 다니던 아들이 내려와 현재까지 서점 운영을 돕고 있다. 다행히 이 씨는 건강이 어느 정도 회복되어 책 등록 정도는 할 수 있게 되었다고 한다.

영화 '내부자들'을 찍을 당시 서점은 지금보다 훨씬 책장 사이도 좁았고 환경도 열악했다. 영화 속 서점이 '귀곡책방'처럼 느껴졌던 것은 당연했다. 다행히 영화가 흥행한 덕에 단양을 찾는 관광객들이 호기심에 서점을 찾았다. 이에 부응하여 서점 운영을 돕던 아들이 책장을 빼내 통로를 확보하고 기념품도 갖춰 놓았다. 책도 상당 부분 정리가 되었지만, 여전히 바닥에는 노끈을 풀지 않은 책더미가 쌓여 있다.

서점 방문객의 90퍼센트가 사진만 찍고 돌아간다고 한다. 추석 연휴 기간을 이용해 방문했던 나는 일부러 오래된 책 《봉순이 언니》를 골랐다. 누렇게 변색해 특유의 헌책 냄새가 진동했지만 왠지 그런 책을 사야 할 것 같았다.

《독서의 역사》에서 알베르토 망구엘 역시 헌책으로 구입한 키플링의 자서전 《내 자신에 대하여》라는 책의 마지막 페이지에서 시 한 편을 발견했는데, 그 시는 손으로 쓰여 있었고 키플링이 타계한 날짜가 적혀 있었다고 한다. 그는 시를 썼던 그 사람이 어떤 사람인지 상상하게 되었고 그게 자신의 책 읽기에 영향을 미쳤다고 했다. 나 역시 인터넷으로 산 헌책을 읽다 보면 전 주인이 읽은 흔적을 볼 때가 있다. 행간의 메모와 밑줄 그은 부분을 보면서 그 사람이 어떤 생각으로 이 부분에 밑줄을 그었을까 생각하곤 한다.

헌책방의 무질서한 책장을 아날로그 감성으로 이곳저곳 탐색하다 보면 뜻밖의 보물 같은 책을 손에 넣을 수 있을지 모른다. 그 책이 망구엘처럼 자신의 책 읽기에 영향을 미치게 될지 어떻게 알겠는가.

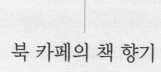

북 카페의 책 향기

연일 폭염이 내리쬐던 지난 8월 초, 평소 읽던 책과 노트북을 가지고 집 근처 카페로 피서(?)를 갔다. 아주 작고 아담한 동네 카페로 테이블이 겨우 다섯 개밖에 안 되었다. 한쪽에 있는 책장이 먼저 눈에 띄는 북 카페였다. 시원한 냉커피 한 잔 시켜놓고 책을 읽고 글을 썼다. 4시간을 머물렀지만 주인은 그만 가라는 말 한마디 없었다. 오래 있어서 미안하다고 했더니 오히려 생글생글 웃으며 더 있으라고 한다.

사람들이 만남의 장소로 이용하는 카페는 그 편안한 분위기와 후각을 자극하는 부드럽고 익숙한 커피 향이 긴장을 해제시킨다. 시간을 잊고 이야기꽃을 피우기에 그만한 장소가 없다. 정신없이 바쁜 일상에 쫓기다가도 잠깐이나마 누군가를 만나서 여유를 찾고 싶은 소망이 카페문화를 형성했는지 모르겠다. 어쨌든 우리 주변에는 외국의 유명한 프랜차이즈 카페부터 동네 카페까지 카페 천국이다.

그 카페로 어느 날부터 사람들이 노트북과 책을 들고 오기 시작했다. 도서관의 너무 조용한 분위기가 답답하다고 느꼈던 대학생들이 먼저 시작했다. 이를 간파한 카페는 간단한 미팅이나 그룹 과제를 할 수 있도록 세미나룸을 갖추어 놓고 이들을 맞이하고 있다. 더불어 한쪽 공간은 책장으로 인테리어를 대신했다. 책이 있고 개인 학습이 가능한, 바로 북 카페다.

이런 분위기를 감지한 도서관들도 북 카페를 들이기 시작했다. 변화하는 이용자들의 요구를 적극 수용하겠다는 의지이다. 도서관이라는 경직된 공간에 북 카페라는 자유롭고 편안한 완충공간을 제공하여 이용자들을 도서관에서 좀 더 오래 머물게 하기 위한 운영의 묘이기도 하다.

내가 몸담았던 도서관에서도 이런 추세에 발맞춰 북 카페를 설치하고자 했다. 공부하다가 집중력이 떨어지거나 휴식이 필요한 이용자, 혹은 다른 분위기에서 기분전환이 필요한 이용자를 위해 북 카페는 최상의 공간이라고 생각했다. 더구나 복합문화공간을 지향하며 새로 개관한 도서관에 딱 필요한 공간이었다.

당시만 해도 대학도서관에 북 카페가 있는 곳은 흔치 않았다. 성공리에 운영 중인 타 대학도서관을 벤치마킹하고 보고서를 작성하여 상부에 올렸다. 긍정적인 검토도 이루어졌으나 결과는 무산되었다. 처음부터 설계되지 않은 공간을 찾아내기도 어려웠지만 간신히 찾아낸 공간이 건축물의 콘셉트를 훼손한다는 이유였다.

비록 도서관에 북 카페를 들이지 못했지만 벤치마킹 했던 대전 D대학 도서관의 북 카페는 그중 인상 깊었다. 그 대학은 도서관 열람실 한 개층 전체를 개조해서 북 카페로 만들었다. 학생 이용공간과 교직원 이용공간을 분리하여 서로 방해받지 않고 이용할 수 있도록 배려한 부분이 눈에 띄었다. 입구에 들어서면 그곳이 북 카페임을 한눈에 알 수 있었다. 벽에 설치해 놓은 벌집 모양 책장도 인테리어로 훌륭해 보였다. 커피는 원두 자판기에서 부담 없이 동전으로 뽑아 마실 수 있도록 했다. 주머니가 가벼운 대학생들의 경제 사정을 고려했을 것이다.

그 안에서 삼삼오오 자유롭게 대화하거나 책을 보고 있는 학생들의 모습이 자유로워 보였다. 출입이 적은 한쪽 복도에는 부드러운 조명이 부착된 안락의자도 몇 개 비치해 놓았다. 공부에 지친 학생들이 피로를 풀 수 있도록 배려한 것이다. 안락의자에 직접 앉아 보니 온몸을 부드럽게 감싸 안아 주는 푹신함이 단 10분만 앉아 있어도 웬만한 피로는 해소될 것 같았다. 도서관 안에 북 카페 시설을 들인다는 것이 아직 낯설던 시기에 그 대학은 한발 앞서서 도서관 문화를 이끌어 나가고 있었다.

도서관뿐만 아니라 출판사에서도 북 카페를 운영한다. 대부분 직영으로 운영하는데 자사에서 출판한 책들을 홍보하고 정가보다 저렴하게 판매하기도 한다. 독자는 서점을 통해서만 살 수 있는 책을 다양한 경로로 구입할 수 있으니 싫어할 리 없다. 게다가 해당 출판사에서 발행한 책들을 한 곳에서 볼 수 있는 이점도 있다. 출판사는 북 콘서트, 저자와의 만남, 북 마켓 등 다양한 도서 관련 행사들을 기획하고 진행하면서 독자들과 직접 소통할 수 있는 공간으로 활용하기도 한다.

여러 출판사의 다양한 카페를 비교해보는 재미도 있다. 다산북스에서 운영하는 북 카페는 카페 이름이 '나와 나타샤와 흰 당나귀'이다. 백석 시인의 시 제목에서 이름을 따왔다고 한다. 몇 년 전 《백석 평전》을 읽으면서 이 시가 가장 여운을 주었던 기억이 난다. "가난한 내가 / 아름다운 나타샤를 좋아해서 / 오늘 밤은 눈이 푹푹 나린다"로 시작하는 시다. 그 카페에 가면 하얀 밤과 눈이 연상될 것 같다. 특히 이 카페에서는 책을 할인해서 살 수 있다. 저녁에는 맥주도 마실 수 있도록 공간이 바뀐다. 게다가 24시간 책을 읽거나 공부할 수 있어서 많은 사람들이 좋아한다고 한다.

차 한 잔 마시며 책장을 넘기는 여유를 부려볼 수 있는 공간, 북 카페는 이제 생활 속 문화공간이 되어가고 있다. 내 책을 가지고 가도 좋고, 카페에 갖추어 놓은 책을 이용해도 좋다. 책장 한두 개 정도 놓은 곳도 있지만 미니도서관 수준의 책을 갖추어 놓은 곳도 있다. 저마다 독특하고 세련된 내부 인테리어와 눈 코 입을 즐겁게 하는 여러 종류의 차와 디저트가 있어서 메뉴 고르는 재미도 있다. 한 번 자리를 잡으면 일어나야 할 때를 망각하는 곳이기도 하다. 폭염을 피해 피서를 갈 수도 있고 매서운 추위를 피해 언 몸을 녹일 수도 있다.

도서관이나 출판사의 북 카페를 이용하기 어렵다면 동네 북 카페를 이용해도 좋다. 집 근처에 있는 북 카페 하나 찾아서 단골 삼아 놓으면 지인을 만날 때마다 어디서 만날까 고민하지 않아도 된다. 때로는 혼자인들 어떤가. 사람들이 있지만 시끄럽지 않은 곳, 도서관은 아니지만 책이 있는 곳, 그래서 책이 더 잘 읽어지는 곳 북 카페. 그곳에 가면 부드러운 커피향이 글자 속에 스며들어 책에서 향기가 난다.

책이 있는 풍경, 우리 집 거실

Book 한 엄마가 결혼 5년 만에 거실을 서재로 바꾸고 난 다음, 주말 아침 풍경을 보고 깜짝 놀랐다고 한다. 그 상황을 자신의 블로그에 이렇게 올렸다.

"오! 바람직한 현상! 눈 뜨자마자 아이들이 거실에서 책을 가지고 놀기 시작한다. 주말이면 뽀로로부터 시작하여 띵동유치원, 폴리, 타요 등과 아침 시간을 함께 보내던 아이들이⋯⋯."

아이들이 아침에 일어나 거실에서 자연스럽게 책을 가지고 노는 모습에 감탄한 것이다. 이 엄마는 아이들이 아침에 일어나서 TV가 어디로 사라졌냐며 자신에게 투정을 부릴 것으로 생각한 듯싶다. 그런데 책을 가지고 놀고 있는 아이들을 보면서 거실을 서재로 만든 자신의 결정을 뿌듯해하는 마음이 글을 통해 고스란히 전해진다.

저 아이들은 텔레비전보다 책과 더 친해지고 성인이 되어서도 책을 좋아하게 될 것이라고 짐작해본다. 사실 대부분의 부모가 자신의 자녀가 책을 좋아하는 아이로 성장하기를 바란다. 그래서 아이에게 필요한 책이라면 돈을 아끼지 않고 열심히 사들인다. 하지만 더 중요한 건 이 엄마처럼 아이들에게 책 읽는 환경을 조성해주는 것이다.

우리나라 엄마뿐만 아니라 세상의 모든 부모가 자녀의 독서환경을 중요하게 생각한다. 《서른아홉, 다시 봄》으로 우리나라에서 책을 출판한 곽미란 작가는 상하이에 산다. 그녀는 유치원에 다니는 딸아이를 위해 거실을 서재로 만들었다. TV가 있던 자리에 책장을 들여놓고 책으로 채웠다. 거실뿐만 아니라 안방에도, 딸아이 방에도 책장을 놓았다. 딸아이 손이 닿을 만한 곳은 어디든 책을 두어서 집을 온통 책이 있는 환경으로 만들었다.

그 딸아이가 20개월쯤 되었을 때 당시唐詩를 몇십 수씩 줄줄 외웠다고 한다. 초등학교에 입학할 무렵에는 아동문학을 하루 저녁에 100페이지가량 읽었고, 초등학교 5학년에 이르러서는 엄마 아빠의 독서량을 초월했다며 흐뭇해했다. 거실을 비롯하여 집 전체를 책이 있는 환경으로 만들었더니 아이가 독서 영재로 자라게 되었다고 한다.

이 딸아이가 처음부터 독서에 재능을 보인 아이였을까? 작가의 말에 의하면 거실을 서재로 바꿀 당시 책은 아이 방에만 있었다고 한다. 아이가 유치원에서 돌아오면 잠자리에 들기 전까지 대부분 시간을 거실 텔레비전 앞에서 보내는 것을 보고 뭔가 잘못되어 가고 있다는 걸 느꼈단다. 작가는 아이의 책을 거실로 내놓기로 마음먹고 당장 책장을 사서 거실을 서재로 만들었다. 그때부터 아이는 텔레비전을 보는 시간에 손가는 데로 책을 보기 시작했다고 한다. 또한 저녁 식사가 끝나면 식구들이 각자 책을 한 권씩 들고 읽고 있는 진풍경(?)이 벌어졌다.

이처럼 가정에서 책 읽는 환경 만들기를 쉽게 실천할 수 있는 일이 바로 거실을 서재로 바꾸는 일이다. 거실 서재는 아이에게나 가족에게 대단히 바람직한 변화를 가져온다. 하지만 집안의 공간에 대한 선입견으로 대부분 가정에서 쉽게 실행하지 못하는 게 현실이다. 거실은 거실다워야 한다고 생각할 수도 있고, 가족 중에 텔레비전이 반드시 거실에 있어야 하는 경우도 있을 것이다. 따라서 가족들이 함께 사용하는 거실 공간을 다른 용도로 사용하려면 가족 모두의 동의가 있어야 한다. 거실을 서재로 바꿀 것인지, 그냥 거실로 사용할 것인지 가족의 생활방식을 고려해서 보다 중요한 가치가 무엇인지 논의를 거쳐 방법을 찾으면 될 것이다.

거실 서재가 아이에게 어려서부터 책 읽는 환경으로 안성맞춤이라는 것은 아이를 키우는 부모라면 이미 알고 있을 것이다. 하지만 아는 것보다 실천이 중요하다. 많은 가정이 거실을 서재로 바꾸는 일에 적극적으로 동참하게 된다면 아이에게 굳이 책을 읽으라고 강요하지 않아도 된다. 대신 당신의 아이가 책이 있는 풍경에서 자연스럽게 책과 놀면서 독서 영재가 되는 기대를 해도 좋을 것이다.

TV가 사라지고 책으로 가득찬 거실에서 벌어지는 가족의 모습을 상상해 보자.

가족들은 책을 읽는 서로의 모습에 익숙하다. 대화의 주제도 책을 중심으로 이루어진다. 가족 누구도 텔레비전에서 일방적으로 쏟아내는 정보와 오락에 넋 놓고 있는 모습은 보이지 않는다. 조용하지만 지루하지도 무료하지도 않다. 가끔 고개를 들어 책 속에 빠진 서로의 표정을 지긋이 바라보며 미소 짓게 된다.

책과 사랑에 빠지는 내 서재

Book 서재라 하면 책이 있는 공간을 뜻하는 것이지만, 저에게 있어서 서재는 삶 자체입니다. 저는 어린 시절부터 아버지의 회초리를 맞아가며 책을 읽었고, 책을 많이 읽어야 하는 직업을 거쳤기 때문에 마치 밥 먹듯 책을 접했습니다. 이제는 몇 권 읽었고 몇 권이 있다고 말할 수도 없어요. 많이 읽었고 많이 소장하고 있다고 말할 수밖에 없습니다. 그 책이 쌓인 서재는 곧 제가 일하는 공간이자, '아침편지'를 쓰고 사람을 만나는 모든 공간입니다. 따로 책을 분류해 놓지 않지만 직감으로 어느 책이 어디에 꽂혀 있는지 압니다. 책을 찾을 때면 찾는 책이 '나 여기 있소' 이렇게 말을 걸어와요. (네이버, 지식인의 서재)

아침편지의 주인공 고도원 작가의 서재에 대한 생각이다. 작가에게 서재는 '삶 자체'이다. 매일 일하는 공간이며, 아침마다 편지를 쓰고 사람을 만나는 공간이다. 그동안 많은 사람의 가슴을 울리고 따뜻하게 감싸주던 작가의 아침편지가 바로 이 서재에서 배달되었다.

작가들에게 서재는 작품이 탄생하는 특별한 공간이다. 문학평론가 정여울 역시 서재를 '알에서 깨어나는 공간'이라 했고, 광고인 박웅현은 '생각의 창고'라고 했다. 서재는 비단 작가에게만 특별한 의미가 있을까? 그렇지 않다. 그 공간에 어떤 의미를 부여하고 어떻게 이용하느냐에 따라 일반인에게도 서재는 특별한 공간이 될 수 있다.

나는 작가도 유명인도 아니지만 책을 읽기 시작하면서 내 서재가 의미 있는 공간이 되었다. 의미는 스스로 부여하면 된다. 나에게 서재는 '새로운 나를 발견하는 곳'이다. 50년 이상 살아온 인생을 반추하면서 앞으로 새로운 나를 발견하고 완성해가는 곳이라고 의미를 부여했다. 이전의 내가 가족을 위해 살아왔다면 지금부터는 책을 읽으면서 나를 위한 새 각본을 짜는 공간이라고 생각하니 서재가 특별해졌다. 그리고 집에서 가장 많은 시간을 보내는 곳이 되었다.

서재에 대한 나의 생각은 책을 모아두는 방이었다. 지금 사는 아파트로 이사하면서 작은 방에 오디오 시스템을 갖춘 근사한 서재를 꾸미자고 생각했다. 잔잔한 음악을 들으면서 책을 읽으면 꽤 괜찮은 그림이 나올 것 같았다. 방 한쪽 벽면 전체에 책장을 놓고 천장까지 책을 빽빽하게 꽂았다. 그리고 책상 두 개를 배치하니 나름 그럴듯한 서재가 되었다.

하지만 꽤 괜찮은 그림(?)은 처음부터 연출되지 않았다. 서재에 들어가는 일이 거의 없었기 때문이다. 다만 몇 해가 지나서야 문제를 인식했다. 내가 책을 읽기 시작하면서 한 권 두 권 책이 늘어나자 책장이 부족해진 것이다. 처음부터 책장에는 여유가 없었다. 방법을 찾아야 했다. 그때 거실이 눈에 들어왔다. 거실은 책이 있는 방보다 훨씬 넓은 공간임에도 소파와 TV가 전부였다. 고민의 여지가 없었다. 거실에 있던 물건들을 서재로 서재의 책장과 책을 거실로 공간 이동시켰다. 부족한 책장은 추가로 구입해서 적절하게 배치했다. 책을 읽다가 앉고 싶어질 때 또는 가볍게 차 한 잔 마실 때를 위해 소파의 반은 그대로 거실에 두었다. 휑하던 거실이 꽉 차 보였다.

책으로 채워진 거실을 '내 서재'로 명명했다. 내 서재에서 나는 때때로 소파에 몸을 묻고 책을 읽다가 낮잠을 즐기기도 한다. 무엇보다 책장에 여유가 생겨서 마음조차 넉넉해졌다. 다시 책장에 책이 차더라도 추가로 책장을 놓을 공간이 있으니 염려가 없다.

서재로 바뀐 거실은 그 쓰임과 배치가 완벽해졌다. 그동안 TV가 주인인 양 버티고 있던 거실은 이제 내가 주인이 되었다. 가족과도 책상 혹은 소파에 앉아 일상의 대화에 서로 읽는 책 이야기가 더해졌다. 반면 TV는 더 멀어졌다.
집안의 중심 공간을 서재로 쓰니 책에 눈길이 더 자주 간다. 주방에서 베란다에 나갈 때 혹은 다른 방에 들어갈 때도 서재를 중심으로 동선이 이뤄지기 때문이다. 책이 눈에 잘 띄니 읽기 위해 책상에 앉는 횟수와 시간이 많아졌음은 물론이다.

서재처럼 나를 지적이면서 품위를 지닌 인간으로 만들어주는 공간이 또 있을까. 잘 정돈된 서가와 책상을 갖춘 품격 있는 서재는 어쩌면 많은 사람에게 로망이다. 하지만 서재가 꼭 독립된 공간이어야 할 필요는 없다. 거실에 서재를 만들거나 따로 서재가 있으면 좋겠지만 어디서든 책을 읽고 사색하고 꿈을 꿀 수 있는지가 중요하다.

따라서 내밀한 공간으로서 내 서재를 가지는 방법은 의외로 간단하다. 집안 어디라도 책장을 놓으면 그곳이 바로 내 서재가 된다. 주방 한쪽에 책장을 하나 놓고 식탁에서 책을 읽어도 좋고, 안방 침대 옆에 책장 하나 놓고 침대에서 책을 읽으면 거기가 바로 내 서재가 된다.

화려하고 고급스러운 책장에 책이 가득 꽂혀 있다 한들 그게 과시용이거나 장식용이라면 경제적으로나 공간 효율성으로나 낭비가 아닐 수 없다. 오히려 책장 하나에 작은 테이블 하나 덩그러니 있더라도 그곳에서 책을 읽는다면 어떤 화려한 서재보다 훌륭한 서재가 될 것이다. 그곳이 거실이든 방이든, 혹은 공간이 넓거나 좁거나 무슨 상관인가. 오히려 그 쓰임으로 인해 더욱 가치 있는 공간이 될 것이다. 단지 책을 읽을 마음이 있느냐 없느냐의 차이일 뿐이다.

혼자 있는 시간이 전혀 외롭지 않고 오히려 혼자여서 더 좋은 공간, 내 서재에서 책에 심취하다 보면 책과 사랑에 빠지게 된다.

책과 음악의 콜라보레이션 북 콘서트

Book   연한 회색 남방 차림의 한 중년 남성이 행사장에 들어와서 안내를 청하지도 않고 객석 맨 앞줄에 털썩 앉는다. 그리고 시집 크기만 한 숄더백에서 펜을 꺼내 뭔가를 적는다. 스포츠머리에 갈색 뿔테안경, 둥그런 얼굴이 사진으로 보았던 그분이다. '책—음악과 만나다. 김용택 시인 초청 북 콘서트' 행사의 주인공 김용택 시인.

그날 나는 직원들과 함께 대학의 개교 50주년을 기념하기 위해 기획한 김용택 시인 초청 북 콘서트를 한창 준비하고 있었다. 무대에 작가와의 대화를 위한 테이블을 세팅하고, 테이블에 장식할 꽃은 탐스러운 수국으로 준비했다. 뮤지션들이 노래할 음향장비와 마이크도 체크하고 음향실에서 내보내는 영상도 이상이 없는지 담당자와 신호하며 점검을 완

료했다. 관객들도 하나둘 객석을 채우고 있었다. 주로 대학생들이다. 잠시 후면 북 콘서트가 시작될 시간이었다.

미리 와서 앉아 있는 시인이 무료할까 봐 같이 행사를 준비하던 직원이 정중히 인사하며 말했다.

"안녕하세요? 행사가 시작되려면 시간이 좀 남았으니 대기실에서 총장님과 차라도 한잔하시지요."

"뭐라고요? 총장을 만나라고요? 나는 오늘 학생들하고 이야기하려고 왔지 총장 만나려고 안 왔어요."

약간 노기어린 시인의 대답에 옆에 있던 나도 당황스러웠다. 기다리는 동안 총장과 차 한잔하라는 말이 시인에게는 총장에게 인사하라는 말로 들렸나 보다. 순간 긴장했지만 노련한 작가의 당당함을 엿볼 수 있었다. 총장과의 티타임은 무산되고 그대로 북 콘서트가 시작되었다. 학생들의 의견을 물어 가장 많이 만나보고 싶은 작가를 초대한 때문인지 객석도 빈자리가 보이지 않았다.

무대에서는 김용택 시인의 '너를 향한 이 그리움 어디서 오는지'가 오프닝 곡으로 연주되었다. 열렬히 환호하는 관객들의 호응에 뮤지션들도 흡족한 표정이다. '심심한 날의 오후 다섯 시', '그 여자네 집' 등 우리가 익히 알고 있는 시를 노래로 만들어 들려주었다. 뮤지션들의 노래 한 곡이 끝나는 사이마다 작가와의 대화를 통해 시인의 시 세계와 삶에 대해 이야기했다.

김용택 시인은 북 콘서트 현장에서 많은 이야기를 들려주었다. 글을 쓸 줄 모르는 어머니의 이야기를 받아 적었더니 시가 되었다면서 자신의 어머니에 대한 애틋한 마음을 표현하기도 했고, 자신의 아내가 바로 객석의 학생들과 같은 대학 출신이라고 말하자 학생들로부터 환호와 박수를 받기도 했다. 어떻게 결혼하게 되었냐는 학생의 즉석 질문에 자신의 결혼 스토리를 맛깔나게 이야기해주기도 했다.

북 콘서트는 이처럼 작가로부터 책에서 얻지 못하는 개인사를 들을 수도 있다. 또한 책에서 느끼지 못하던 작가의 인간적인 면모를 느낄 수도 있다. 이는 작가의 입을 통해서 인쇄되지 않은 작가의 또 다른 책 한 권을 귀로 읽는 것과 같다.

북 콘서트는 저자를 초청해서 토크 형식으로 책 내용에 관해 묻고 답하면서 진행하는 것이 일반적이다. 그러나 작가의 특정한 책 내용을 북 뮤지션이 노래로 만들어 부르고 작가와 대화를 하는, 책과 음악이 만나는 콘서트 형식의 진행이 이루어지기도 한다. 우리 대학 도서관에서도 이런 방법으로 북 콘서트를 진행했는데 관객의 호응이 매우 적극적이었다. 그 당시 이런 형태의 북 콘서트가 흔하지 않아서인지 행사를 마친 후 여러 곳에서 북 콘서트 진행에 대한 문의를 받기도 했다. 이처럼 작가를 만나고, 노래가 어우러지며 작가와 대화를 하는 북 콘서트는 책과 음악의 콜라보레이션이다.

집 주변의 공공 도서관 혹은 작은 도서관에 관심을 기울이면 북 콘서트 정보를 쉽게 얻을 수 있다. 거리에서 북 콘서트 홍보 현수막도 가끔 볼 수 있다. 거기에 내가 만나고 싶은 작가가 있다면 일정을 기억했다가 가보자. 결코 시간이 아깝지 않을 것이다. 책을 읽을 때와 또 다른 신선한 감동을 느낄 수 있기 때문이다.

책은 청년에게는 음식이 되고 노인에게는 오락이 된다.

부자일 때는 지식이 되고 고통스러울 때는 위안이 된다.

키케로

3장

책과
놀아보자

읽으면
얻게
되는 것

왜 읽냐고 묻거든

$\mathcal{Book}$ 로이드 존스의 소설《미스터 핍》에는 한 권의 책이 나온다. 소설 속 인물들은 이 한 권의 책으로 각자의 인생에서 살아갈 의미를 찾는다. 한 권의 책이 가지는 위대한 힘이다. 소설의 배경은 내전으로 봉쇄령이 내려진 남태평양의 작은 섬에서 발생한 실제 사건이다. 실화를 바탕으로 해서인지 인물들의 삶과 책 한 권에 얽힌 이야기는 진한 여운을 주었다.

와츠 씨와 마틸다는 교사와 학생이다. 이들은 한 권의 책을 함께 읽는다. 이들이 읽는 책은 "내 아버지의 성은 피립이고 내 세례명은 필립이지만, 어린 나는 혀가 짧아 둘 다 핍이라고밖에 발음할 수 없었다. 그래서 나는 날 핍이라 말했고, 다른 사람들도 날 핍이라고 부르게 됐다"로 시작하는 찰스 디킨스의 《위대한 유산》이다.

와츠 씨는 이 섬의 원주민과 결혼해서 섬에 들어왔다. 내전으로 백인들이 모두 섬을 빠져나가지만, 퉁방울눈이라고 불리는 와츠 씨만 섬을 빠져나가지 않은 유일한 백인이 되었다. 그는 전쟁 중에 아이들을 가르치는 교사로 나선다.

그가 하는 일은 아이들에게 《위대한 유산》을 읽어주는 일이다. 와츠 씨에게는 《위대한 유산》이 유일한 세상이고 아이들은 와츠 씨와 함께 책을 읽으며 상상을 통해 섬 밖으로 어디든 여행을 떠났다. 책을 통해 섬 밖에 또 다른 세상이 있다는 걸 알게 되었기 때문이다. 한편 책 속에 존재하는 형체도 없는 소년 핍은 마틸다에게 무료한 시간을 견디게 해주는 최고의 친구였다.

와츠 씨가 1장을 끝까지 읽어주었을 때 난 핍이라는 소년한테서 얘기를 들은 것 같은 느낌을 받았다. 볼 수도 만질 수도 없는 이 소년을 귀를 통해 알게 되다니. 이렇게 나는 새 친구를 찾아냈다.

마틸다는 이 새로운 친구 핍과 《위대한 유산》속 세상을 엄마에게 이야기한다. 아빠는 내전이 일어나기 전에 이미 섬을 떠났다. 그리고 비극적인 사건이 발생한다. 마틸다가 해변에 써놓은 'PIP'이라는 글자가 문제였다. 마틸다는 무료한 마음에 친구 이름을 썼을 뿐이다. 하지만 섬은 반란군과 정부군이 밤낮으로 번갈아 점령하는 전쟁터였다.

현실에 없는 핍은 간첩으로 오인되었고 반란군과 정부군은 서로 간첩을 내놓으라고 섬사람들을 위협했다. 결국 와츠 씨가 사람들을 살리기 위해 자신이 핍이 되었다. 그동안 핍을 매개로 많은 이야기를 만들어냈기 때문이다. 그는 결국 끔찍하게 죽임을 당했고 마틸다의 엄마도 핍을 현실에 존재하게 만든 딸을 지키느라 처참하게 죽는다.

마틸다는 필사적으로 섬을 탈출하여 아빠를 만나게 되지만 그후 오랜 시간 공포와 외로움을 이겨내야 했다. 그리고 자신의 내면을 지배해온 와츠 씨와 한 권의 책 《위대한 유산》을 더 알기 위해 영국으로 건너가 찰스디킨스를 연구하게 된다. 그런 와중에 백인사회에서 살았던 와츠 씨의 과거와 만나면서 비로소 그가 어떤 사람이었는지 알게 된다. 《위대한 유산》이 그에게 왜 유일한 세상이 되었는지, 그가 왜 섬을 떠나지 않았는지. 그리고 마틸다는 교사가 된 뒤 와츠 씨가 그랬던 것처럼 자신의 학생들에게 《위대한 유산》을 읽어준다.

와츠 씨와 마틸다에게 책 읽기는 어떤 의미였을까. 와츠 씨에게 《위대한 유산》 읽기는 자신의 과거를 끊임없이 되돌아보는 기준이 되고 살아가는 이유가 되었다. 《위대한 유산》 속 핍은 과거 백인사회에서의 자신과 닮아 있었기 때문이다. 그는 아이들에게 책을 읽어주면서 자신의 이야기를 들려 주었던 것이다. 반면 마틸다에게 《위대한 유산》은 고립된 섬에서 무료한 시간을 견딜 수 있는 친구를 만들어준 고마운 세상이었다. 더불어 섬 밖의 또 다른 세상 즉 아빠의 세상을 이해하는 전환점이 되어 주었다. 또한, 선생님과 엄마가 처참하게 죽고 홀로 살아남은 뒤 세상을 살아가는 데 흔들리지 않는 버팀목이 되어 주었다.

소설 속 와츠 씨와 마틸다가 각자 자신만의 의미로 책을 읽어냈듯이 현실에서의 사람들도 자기 나름대로 의미를 찾아 책을 읽는다. 성공하기 위해 읽고 인생을 바꾸기 위해 읽는다. 와츠 씨와 마틸다처럼 자신의 존재 이유를 찾기 위해 읽고 그저 재미있어서 읽고 무료한 시간을 보내기 위해서 읽는다. 인간의 삶의 양식이 다양하듯이 사람들마다 책을 읽는 나름의 이유가 있다.

때문에 '왜 책을 읽는가?'에 대한 물음은 '왜 사는가?'라는 삶의 의미를 묻는 것처럼 개별적으로 접근할 때보다 성숙한 책 읽기가 될 것이다. 책을 읽는 이유가 곧 자신만의 삶의 이유를 발견하는 과정이 될 수 있기 때문이다. 하지만 사람들은 왜 책을 읽어야 하는지 다른 사람에게서 답을 구하려고 한다. 물론 책을 읽어야 하는 이유가 지식을 축적하고 그것을 바탕으로 생각하는 힘을 키워 지혜로운 인간이 되기 위해서라는 지극히 보편적인 이유를 모르기 때문은 아닐 것이다. 아마 책 읽기를 행동으로 연결하기가 쉽지 않기 때문에 읽어야 하는 강력한 자극과 동기를 찾아내기 위함인지도 모른다.

우선 나는 왜 책을 읽는가 생각해봤다. 그냥 책이 좋아서 읽는다는 생각이 먼저 떠올랐다. 조금 더 깊이 나를 들여다보았다.

그렇다. 사람과 부대끼는 일이 순간순간 힘들고 지칠 때 책을 읽고 있는 나를 발견한다. 삶이란 기쁠 때도 있지만 의도하지 않은 일, 감당하기 어려운 일들이 갑자기 찾아오기 마련이다. 그럴 때 책에서 위로를 찾아낼 수 있어서다. 신기하게도 어떤 문장이 그런 역할을 한다.

인생에서 들고 있어야 할 것과 내려놓아야 할 것이 무엇인지 알기 위해 책을 읽는다. 때로 쓸데없는 욕망이 나를 괴롭힐 때가 있다. 하지만 책을 읽다 보면 책 속에 족집게가 있어서 버려야 할 마음은 콕 집어내 과감하게 던져버리고 담아야 할 생각은 꾹꾹 눌러주는 것을 느낄 때가 있다. 그럴 때 내가 꽤 괜찮은 사람처럼 생각되기도 한다.

진정한 기쁨과 행복이 무엇인지 삶의 성찰을 얻기 위해서 책을 읽는다. 인문고전 속 어떤 한 구절에서 삶과 행복의 본질을 발견할 때다.

때로는 목적 없이 그냥 읽기도 한다. 아무것도 하지 않는 것보다 책이라도 읽는 게 생산적이라는 마음이 들어서다.

책이란 무릇 개인의 삶을 영위해나가는 데 있어서 양념 같은 요소이다. 양념이 적당하게 버무려진 음식은 본래 재료가 가진 맛과 잘 어우러져 감칠맛이 난다. 사람도 저마다 태어날 때부터 지닌 성향대로 살지만 책을 읽어서 지식과 교양이 잘 갖추어진 사람에게는 다른 사람이 범접할 수 없는 깊이가 느껴진다. 책이라는 양념이 잘 섞여 있기 때문이다.

흔들리는 자신을 위로하기 위해

Book 여느 때처럼 동료 Y 과장과 교직원 식당에서 점심을 먹고 있었다. 그가 어디선가 걸려온 전화를 받고 나서 말했다.

"실장님, 단과대학 행정실로 발령이 났다고 합니다."

"내가요?"

갑자기 서늘함이 온몸을 훑었다. 몸속의 피가 순식간에 발밑으로 빠져나가는 것 같은 느낌이었다. 대학에서 근무하고 있었지만 사서인 내가 도서관이 아닌 다른 부서로의 이동은 생각해보지 않았다. 그동안 사서가 행정부서로 인사명령이 난 경우가 종종 있었는데도 말이다. 나도 언제든 그렇게 될 가능성을 염두에 두었어야 했다.

하지만 조직에서의 인사는 언제든 받아들여야 하는 것이 구성원으로서 의무가 아닌가. 나는 새로운 환경과 업무에 적응하느라 한동안 사력을 다했다. 학사행정은 대학 재직 기간 중 한 번도 해보지 않은 업무 영역이었다. 잘해보고 싶었다. 하지만 노력과 달리 한동안은 내가 마치 물 위에 뜬 기름처럼 여겨졌다. 도서관에서 서른 한 번의 해가 바뀌는 동안 머리부터 가슴까지 켜켜이 쌓인 사서라는 정체성이 쉽게 포기되지 않았다. 하지만 나에게 주어진 이 상황을 수긍하고 받아들여야 했다. 오히려 이 상황을 또 다른 기회로 만들자고 자신을 위로했다. 인간은 어떤 환경이든 적응하는 능력이 탁월한 존재니까.

당시 나는 독서모임인 리더스클럽에 막 발을 디뎌 책 읽는 재미에 빠져들고 있었다. 자연스럽게 나의 관심은 책 읽기에 집중되었다. 마침 선정된 토론 도서는 변화심리학의 최고 권위자인 앤서니 라빈스의 《거인의 힘 무한능력》이었다. 600쪽이 넘는 분량의 책을 차근차근 읽어나가는 중에 '의미전환'이 나오는 부분에서 가슴이 뛰기 시작했다. 저자는 의미전환을 '부정적인 의식을 긍정적인 의식으로 전환하는 방법' 즉 생각의 틀을 바꾸는 것이라고 했다. 세상에서 우리가 하는 것은 그것에 대한 우리의 인식에 달렸다는 것이다.

의미전환은 내 마음에 파문을 일으켰다. 내게 일어나는 어떤 일이든 의미전환을 하면 되겠다는 생각이 들었다. 현실을 가만히 들여다보며 나와 마주했다. 지금까지는 일로써 책을 보았으니 이제야말로 진짜 책을 읽을 때라고 나의 상황을 의미전환 해보았다. 효과가 있었다. 책을 읽는 시간은 온전히 나 자신을 위한 시간이 되었다. 신기하게도 복잡하고 우울한 감정이 편안해졌다. 나는 책을 통해 위로받고 있었다.

조선의 독서가 이덕무도 내 마음과 같았을까. 자신을 스스로 책만 보는 바보 간서치라 불렀던 그가 책으로 마음을 다독이는 절절한 글을 보면서 나는 묘한 동질감을 느꼈다.

감당할 수 없을 만큼의 슬픔이 밀려와 사방을 둘러봐도 막막하기만 할 때에는 그저 땅을 뚫고 들어가고 싶을 뿐, 살고 싶은 마음이 조금도 없다. 하지만 다행스럽게도 나에게는 두 눈이 있고 글자를 알기에 한 권의 책을 들고 마음을 위로하면 잠시 뒤에는 억눌리고 무너졌던 마음이 조금 진정된다.

책을 통해 깊은 슬픔을 치유 받은 사람이 태평양 건너에도 있었다. 《혼자 책 읽는 시간》의 저자 니나 상코비치다. 그녀는 40대 중반에 언니를 잃었다. 암이었다. 그녀는 언니가 없는 삶은 생각할 수 없다고 했다. "언니는 죽어야 했는데 어찌하여 나는 살아갈 자격이 있는 걸까?"라며 절망했다. 슬픔에서 벗어날 수 없던 그녀는 어느 날 일 년 동안 매일 한 권의 책을 읽기로 마음먹는다. 슬픈 삶에서 도피하려는 방법으로 책을 선택하고 마법 같은 독서의 한 해를 시작한 것이다.

상코비치는 매일 책을 읽으며 깨달아간다. 하루에 책 한 권을 읽고 서평을 써서 인터넷에 올렸다. 그 일을 두고 그녀는 '독서가 내리는 은혜를 퍼뜨린 것'이라고 스스로 말했다. 그뿐만 아니라 그녀의 책 읽는 시간이 자신은 물론 자신의 독서를 공유한 많은 사람들의 삶을 변하게 했다고 말한다. 그녀는 책을 읽으면서 비틀거리는 자신의 삶을 일으켜 세웠다. 무엇으로도 받을 수 없던 위로와 치유를 받았다. 그녀의 말을 들어 보자.

나의 독서의 한 해는 언니의 죽음으로 인한 감당할 수 없는 슬픔과 나를 기다리고 있는 미래 사이에 끼어든 행동 중지 기간, 나 자신을 위한 유예 기간이었다. 책으로 채워진 1년간의 집행유예 기간에 나는 회복했다. 그뿐만 아니라 그 회복 단계를 넘어서 다시 생활로 들어가는 방법도 배웠다.

인간의 모든 고통과 슬픔은 삶에서 나온다. 반면 삶에서 위안을 얻는 것도 많다. 사람을 만나고 대화하며 속마음을 풀어내거나 낯선 장소를 여행하면서 새로운 힘을 얻는 것도 일종의 삶을 통한 위안이다. 일에 몰두하거나 쇼핑을 하면서 기분을 푸는 것도 한 방법이다. 먹는 것으로 긴장을 풀기도 하고 알코올에 의존하여 잠시나마 현실을 잊기도 한다. 하지만 타인이나 어떤 외부의 자극으로 받는 위로는 일시적이며 임시방편일뿐이다. 좀 더 지속적이고 근본적인 위로가 되려면 자기 회복 또는 자기 존중 같은 내면에서 얻어지는 깨달음이 필요하다. 이를 실천하는 가장 좋은 방법은 책을 읽는 것이다.

책을 읽다 보면 나를 둘러싸고 있는 환경, 나와 관계하는 사람 그리고 나를 지배하는 생각들이 재구성된다. 내가 지금 겪고 있는 부당한 현실마저 어쩌면 삶에서 거쳐야 할 하나의 과정이라고 생각할 수 있다. 이덕무가 책을 읽으며 위로를 받고 니나 상코비치가 책을 읽으며 자신의 삶을 바꾸게 된 것처럼 책 속에 투영된 자신을 들여다보기 때문이다.

책은 사람에게 엄청난 위로와 깨달음을 준다. 시공간을 따지지도 않고 남녀노소를 구분하지도 않는다. 누구든 삶에서 어떤 위로가 필요할 때 책을 읽어보면 답을 얻을 수 있다. 책은 그런 존재다.

단 한 줄이라도 내 문장을 찾아서

"뉘앙스는 섬세함의 적이다."

프랑스의 유명 작가이며 애서가이자 독서광인 샤를 단치는 서점에서 일하던 시절 포켓북을 뒤적이다가 우연히 이 문장을 발견했다. 그는 이 문장을 찾아 자그마치 20년의 세월을 보냈다고 한다. 그의 표현대로라면 "어리석게도 아무 생각 없이 책을 덮고 책장에 꽂아 놓았기 때문"이란다.

이 문장은 발자크의 글이다. 어릴 때부터 친구보다는 책하고 놀기를 더 좋아했던 독서광이 발견한 문장이어서인지 내게는 그 의미가 깊이 와 닿지 않았다. 하지만 나 같은 보통 사람도 책을 읽으면서 가끔 가슴을 울리는 문장을 발견한다. 그런 문장을 만나면 떨리는 가슴으로 읽고 또 읽는다. 밑줄을 그어놓거나 노트에 바로 적어두기도 하고 몇 번이나 입으로 되뇌며 외우기도 한다.

나는 책을 읽을 때 정독을 하는 편이다. 천천히 읽으면서 앞 문장과 뒤 문장의 관계를 따져보기도 하고, 문장을 하나하나 음미하면서 읽는다. 그래야 나만의 문장, 오래도록 간직하고 싶은 문장을 찾아낼 수 있다. 다만 책 읽는 시간이 좀 오래 걸리는 게 단점이다. 샤를 단치의 《왜 책을 읽는가》도 이런 방법으로 읽다가 가슴을 두근거리게 하는 문장을 몇 개 발견했다. 그가 20년씩이나 찾아 헤맨 문장이 나에게는 울림을 주지 않은 것처럼, 내가 찾아낸 문장이 다른 사람의 가슴을 두근거리게 하지 않을 수도 있다. 하지만 지금 이 책을 읽고 있는 독자라면 책에 관심이 있는 사람이라고 생각되므로 내가 찾아낸 문장을 함께 음미해보고 싶다.

"책은 잠자는 숲속의 공주요, 독자는 백마 탄 왕자님이다."

이 문장을 읽는 순간 내 눈은 그 자리에서 멈췄다. 책에 대해 이토록 기막히게 표현한 문장을 두고 도저히 다음으로 넘어갈 수가 없었다. 책이 잠자는 숲속의 공주라니. 그리고 책을 읽는 독자가 백마 탄 왕자님이라니. 책을 읽는 사람의 존재감을 이렇게 높여주는 문장은 처음이다. 책을 읽는 즐거움이 바로 작가의 이런 절묘한 표현을 만나는 것이다. 그는 이어서 이렇게 말한다.

"독자가 안경을 걸치고 대머리가 된 98세 노인이라 해도 그 사실은 변함이 없다."

우리가 익히 알고 있는 왕자님이라면 늠름한 체격에 누가 봐도 반할 수밖에 없는 잘 생긴 젊은 청년의 모습이다. 그런데 머리가 다 빠진 볼품 없는 노인이 되었다 해도 책을 읽는다면 변함없이 왕자님이란다. 이는 작가에게 독자로서 받을 수 있는 최고의 대접이다. 무릇 이런 맛에 책을 읽는다고 감히 말하겠다. 이어 고개를 주억거리게 하는 문장도 함께 발견했다.

"펼쳐지지 않은 책은 존재할 뿐 살아있지 않다."

이 문장을 읽으니 도서관 서고에서 잠자고 있는 수많은 '고운 먼지들의 품에 감싸 안긴 책'이 눈앞을 스친다. 도서관에서는 출판된 지 오래되거나 판이 바뀌는 등 여러 가지 이유로 이용률이 낮은 책들을 골라 서고에 보관한다. 자료실 공간은 한정되어 있기 때문에 그런 책들을 골라내야 새로 들여오는 신간 도서를 서가에 진열할 수 있다. 하지만 서고로 자리를 옮긴 책들도 누군가는 필요하게 마련이다. 도서관의 수많은 책은 불특정 다수를 위해 수집되고 관리되기 때문에 단 한 명의 이용자를 위해서도 존재하기 때문이다.

서고로 옮긴 책 중에는 누군가에 의해 선택되면서 비로소 햇빛을 보는 것이 있다. 이를 두고 잠자는 숲속의 공주(책)를 백마 탄 왕자님(독자)이 살려낸다고 하는 것 아닐까. 자료실 책도 마찬가지다. 넓고 쾌적한 자료실 서가에 있는 책이라도 이용자가 선택하지 않으면 고운 먼지들 품에 안겨 있을 뿐이다. 그러므로 '펼쳐지지 않은 책은 존재할 뿐 살아있지 않다'고 하는 말은 백 번 천 번 지당하다.

책은 독자가 읽어줄 때 비로소 생명을 얻게 된다. 책에 있는 어떤 문장은 누군가의 마음을 사로잡아 그의 삶을 다스리고 전광석화처럼 그의 정신을 꿰뚫기도 한다. 조선의 독서가 이덕무의 예는 유명하다. 그는 책을 읽다가 심오한 뜻을 깨치면 너무 기뻐서 소리를 지르며 방안을 빙빙 돌았는데 그 소리가 마치 까마귀가 우는 것 같았다고 한다. 때로는 아무 소리도 없이 눈을 동그랗게 뜨고 한 곳을 응시하기도 하고 혹은 꿈을 꾸고 있는 것처럼 혼잣말을 했다고 한다.

책을 읽다가 무릎을 치게 하는 문장을 발견해 본 적 있는가? 어떤 책이든 감동을 주는 문장, 오래도록 간직하고 싶은 문장을 하나라도 찾는다면 그 책은 충분한 가치를 지닌다. 만약 무인도에 책 몇 권만 가지고 가야 한다면 내가 찾아낸 문장, 나를 감동하게 한 '내 문장'이 있는 그런 책을 고르게 되지 않을까.

내 삶의 주인이 된다

 "내 정강이에 난 털 한 올을 뽑아 천하가 이롭게 된
다 하더라도 나는 이 털 한 올을 뽑지 않겠다."

도가 철학의 선구자인 양주楊朱의 말이다. 우리 몸의 셀 수 없을 정도
로 많은 터럭 중에서 그까짓 정강이에 난 털 한 올을 뽑아낸다 한들 본인
의 몸에 티끌만큼의 영향도 미치지 않는다. 그런데 천하를 위하는 일이
라 해도 그는 자신의 몸에서 터럭 한 올을 뽑지 않겠다는 것이다. 양주
는 어찌 보면 극도의 이기적인 인간으로 비칠 수 있다. 맹자도 이를 두고
'위아주의爲我主義'라고 비난했다.

양주는 정말 이기주의자일까? 노자철학자 최진석 교수는《나는 누구
인가》에서 "그가 이기주의자여서가 아니라 개개인의 자발성에서 나온

힘으로 이뤄지지 않은 사회는 약하기 때문"이라고 설명한다. 덧붙이자면 국가의 힘으로 움직이는 사회보다 개개인의 자발적 의지에서 나온 힘으로 움직이는 사회가 보다 강한 사회가 되기 때문이라는 것이다. 천하를 이롭게 하는 일이라 해도 내 주체의 힘으로 공헌하겠다는 말이다. 이는 내가 주체가 되는 세상, 세상에 나를 맞추지 않고 나를 중심으로 세상을 살겠다는 의미로 이해된다. 세상을 위한다는 명분으로 내 몸의 터럭 하나를 뽑아내는 일도 타의에 의하지 않고 자신의 판단으로 한다는 말일 것이다.

문득 하나의 깨달음이 머리를 스쳤다. 책을 읽는 작은 행위 하나도 자기 인생의 주인이 될 수 있다는 것이다. 주인이 되는 것은 자기가 하는 모든 행위를 자신의 의지로 하는 것이다. 남이 시키는 대로 행동하는 것은 종이 되는 것일 뿐. 그렇다면 책을 읽는 행위를 통해 어떻게 내가 주인임을 느낄 수 있을까.

첫째, 내가 스스로 선택하는 것이다. 즉, 읽고 싶은 책을 스스로 고르는 것, 읽는 시간을 정하는 것, 천천히 읽거나 빨리 읽거나 책 읽는 속도를 정하는 것, 앉아서 읽거나 엎드려 읽거나 책 읽는 자세를 결정하는 것 등이다.

둘째, 주도적인 노력이 필요하다. 책 내용을 내 것으로 만들기 위해서는 내용 이해를 위해 긴장하고 집중해서 읽어야 한다. 쏟아지는 졸음과 사투를 벌이기도 한다. 의문이 들 때는 다른 책을 참고하기도 하고 감동적인 문장이 나오면 행간이나 노트에 메모도 해야 한다. 노력하지 않고는 책을 내 것으로 만들 수 없다.

셋째, 다른 사람이 끼어들 틈을 주지 않는다. 책 읽는 시간 내내 온전히 내 의지로 나 자신을 통제한다. 책을 읽는 행동 하나하나가 모두 나의 선택과 노력으로 이루어지기 때문이다.

어떤가. 책 한 권을 내 것으로 만드는 일이야말로 진정한 내 삶의 주인이 될 수 있는 일이 아닌가? 책을 읽는 일이 아무것도 아닌 것 같지만 이처럼 많은 노력과 어려움이 따른다. 하지만 이것이야말로 책 읽기의 매력이 아닐 수 없다. 자기 자신을 통제하면서 사고가 깊어지고 한 권을 다 읽고 났을 때 주어지는 성취의 즐거움은 무엇과도 비교할 수 없기 때문이다.

하지만 요즘은 책을 읽는 행위보다 영상매체를 보는 것에 더 익숙한 세상이 되었다. 아이들은 TV나 스마트폰의 영상을 글자보다 먼저 접하면서 자란다. 성인은 무료 강연과 유튜브 등 온갖 영상의 유혹으로부터 벗어나기 어렵다. 영상은 읽는 것보다 더 편하고 자극적이어서 사람을 끄는 힘이 있다. 장면마다 넘어가는 화면을 보고만 있으면 굳이 머리를 굴려 생각할 필요가 없다. 그저 화면 속 인물을 따라서 같이 웃고 눈물을 흘리면 된다. 생각하기 싫어하는 사람들에게 영상은 화면이 알아서 내 생각을 끌고 가기 때문에 빠져들 수밖에 없다.

타인을 따라 하면 스스로 노력하고 결정할 일이 없어 편하기야 하겠지만 타의에 의해 내 생각이 지배되는 현상은 바람직하다고 할 수 없다. 일본의 도쿄 민간교육연구소에서 실시한 실험에 따르면 초등학생 10명에게 동화책을 2분간 소리 내어 읽게 한 뒤 기억력 검사를 시행한 결과, 아무것도 하지 않았던 때보다 10~20퍼센트나 기억력이 증진됐다는 데이터가 나왔다. 이 결과를 볼 때 책 읽기는 두뇌 능력과 밀접한 상관관계가 있으며 뇌를 훈련하고 연마하는 가장 효율적인 활동이라는 것을 알 수 있다.

반면 게임이나 인터넷은 어떨까? 결론은 책 읽기와는 정반대로 두뇌 활동을 향상하는데 아무런 도움이 안 된다는 연구 결과가 있다. 이 역시 일본 뇌신경 과학계의 권위자인 모리 아키오 교수팀의 연구(2002년)에 의하면 게임을 매일 2~7시간 하는 아이의 경우, 뇌 활동 상태를 나타내는 뇌파가 거의 감지되지 않았다고 한다. 즉 뇌가 거의 움직이지 않았다는 얘기다. 한참 성장해야 할 시기의 아이들이 책을 읽어야 할 절대적인 이유가 바로 여기에 있다. 책을 읽을 때 두뇌가 가장 활발하게 움직이기 때문이다. 어디 아이들만 그렇겠는가.

내 생각의 결과가 내 행동이 되고 내 행동의 점들이 모여 내 삶을 형성한다. 연구에서도 밝히고 있듯이 깊이 있는 생각을 위해서는 책만한 것이 없다. 책을 읽는다는 것은 생각한다는 것이고 곧 뇌가 활성화되는 일이다. 더구나 요즘 사회는 1인 가구가 늘어나면서 혼자 밥을 먹고 혼자 영화를 보는 등 혼자 시간을 보내는 사람이 늘어나고 있다. 어느 때보다 자신을 지키는 삶이 요구되는 세상이다. 따라서 책을 읽는 일은 작은 행동 하나부터 중요한 결정에 이르기까지 스스로 선택하고 책임지는 내 삶의 주인으로 살기 위한 바탕이 되는 일이 된다.

관심의 재발견

고종사촌 여동생이 아이를 운동선수로 키우기 위해 서울의 아파트를 팔고 경기 지역으로 이사를 했다. 높은 훈련비를 감당하기 위한 고육지책이었을 것이다. 아이 교육을 위해 모든 것을 거는 부모들 이야기는 매체를 통해 들어왔지만 내 가까이에서 보니 남의 일만이 아니었다.

자녀의 재능을 키워주기 위해서 전폭적인 지원을 해주고 싶은 게 부모 마음이다. 자녀 역시 부모의 적절한 도움을 받을 때 재능을 발휘할 수 있다. 지금의 20대 청년들도 어느 정도는 그들의 부모로부터 관심과 지원을 받고 자랐을 것이다. 지금 20대인 우리 아이들에게 쏟았던 열정을 미루어보니 그렇다는 말이다. 나는 우리 아이가 어릴 때 예체능 관련 학원을 모두 보내봤다. 아이가 어릴 때 다양한 배움의 기회를 접해봐야 혹시나 숨겨진 재능이 있는지 알 수 있다고 생각했기 때문이다. 물론 나중에 우리 아이는 예체능 분야에 재능이 없음을 알았다. 아이도 관심이 없었고 배우는 것 자체를 싫어했다. 나 자신을 자세히 들여다보았다면 우리 아이에게 굳이 그것들을 시켜보지 않았어도 알았을 것이다.

그러나 중장년층 특히 베이비붐 세대는 특별한 경우를 제외하고는 그들이 어렸을 때 가졌던 관심이나 재능을 제대로 인정받고 지원받으며 성장한 경우는 많지 않을 것이다. 가난했던 시절이었고 부모들은 자식들 공부만 시키기도 힘든 시절이었다.

나 역시 시골에서 태어나고 자랐다. 농사를 짓는 집안은 넉넉하지 못했고, 식구는 많았다. 나의 관심 분야는 막론하고 상급학교에 제대로 진학하는 것만도 선택받은 인생이라고 생각했다. 시간은 나의 의지와 상관없이 흘러갔고 돌아보니 어느덧 50대가 되어 있었다.

그리고 몇 년 전부터 책 읽기에 온 정신과 시간을 집중하면서 알게 되었다. 내가 책 읽기에 관심이 많았다는 사실을. 결혼 전 자그마한 방 한 칸에서 자취할 때가 있었다. 혼자 살면서 나만의 작은 공간을 예쁜 소품이나 가구로 꾸미는 것보다 한쪽 벽에 세워놓은 책꽂이에 책이 한 권 두 권 늘어나는 것이 더 흐뭇했던 기억이 났다. 친구들을 만나 수다를 떨기보다 월급을 쪼개 할부로 구매한 문학 전집을 읽는 시간이 더 뿌듯했던 생각도 떠오른다. 생각해보니 나는 책을 좋아했었다.

그렇다. 책을 읽다 보니 내가 책을 좋아했고 그래서 사서가 되었다는 게 생각났다. 책을 읽지 않았다면 나는 내가 무엇을 좋아했는지 나는 어떤 것에 관심이 많았는지 발견하지 못했을 것이다. 지금까지 살아왔던 것처럼 열심히 사는 것만이 최선인 양 살고 있을 것이다.

내가 재직하는 대학의 한 교수에게 우연히 듣게 된 이야기를 소개한다. 책을 읽지 않는 학생이 한 명 있었다. 평소 책을 엄청 읽는 지도교수는 그런 제자가 안타까웠다. 이 학생이 자연스럽게 책을 읽게 할 방법을 궁리 끝에 전공과 관련된 책을 한 권 권했다. 미술을 전공했으니 화가와 관련된 책이라면 관심을 가질 것으로 생각해서 추사 김정희의 그림을 해설한 책을 한 권 사주며 읽어보라고 했다.

학생은 그 책을 일 년에 걸쳐서 읽었다. 어느 날 이 학생이 교수의 집 마당에 핀 수선화를 보더니 "교수님, 예전에는 수선화가 피어있는지조차 관심이 없었어요. 그런데 수선화에 눈이 가네요. 추사가 수선화를 좋아했거든요. 추사를 만나러 제주도에 가고 싶어요"라고 말하더란다. 나는 이 학생의 이야기를 듣는 순간 무릎을 쳤다. 책을 읽는다는 것이 이렇게 사물 하나도 새로운 눈으로 보게 하고, 나아가 자발적인 앎의 욕구로 이어진다는 것을 알게 된 것이다. 이 학생은 비록 책 한 권 읽는 데 일 년이 걸렸지만, 책을 읽고 나서 새로운 관심사가 생긴 것이다. 수선화에 관심이 가고, 추사를 깊이 알고 싶어진 것이다. 제주에는 추사 기념관이 있다. 이 학생이 추사를 만나러 제주에 갔는지는 모른다. 다만 분명한 것은 세상은 아는 만큼 보이고 관심은 또 다른 관심을 낳는다는 사실이다.

우리는 복잡 미묘한 다양성의 시대를 살아가면서 적어도 내가 누구인지, 나는 무엇을 할 때 가슴이 설레는지 알 필요가 있다. 나는 무엇에 관심을 두고 있으며 내가 추구하는 삶은 과연 어떤 모습인가를 알기 위해 가능한 많은 시도와 경험을 해보는 것이 필요하다. 하지만 부모가 아이의 예술적 재능을 발견하기 위해 어릴 때부터 온갖 예체능 학원을 순례시키듯이 자신을 알기 위한 명분으로 세상의 다양한 삶을 다 경험해볼 수는 없다. 우리는 지금 여기 제한된 시공간에서 살고 있기 때문이다.

하지만 책 속에서는 시공간을 초월해서 2000년 전 사람과 만날 수 있고 그들의 이야기를 들어볼 수 있다. 내가 경험하지 못한 삶을 체험할 수 있고 직접 가보지 못한 세상 어디라도 여행할 수 있다. 마음속 깊은 소리를 듣게 되고 내가 누구인지 내가 원하는 삶은 어떤 삶인지 내 안의 또다른 나를 만날 수 있다. 이 모든 게 책을 통해서는 가능한 일이다.

행복은 멀리 있지 않다. 관심을 두고 좋아하는 일을 할 때 내 옆에 있어 준다. 만약 자신의 관심사가 무엇인지 모르겠다면 책을 읽어보길 권한다. 혹시 아는가. 책을 읽다가 자기 안에 숨어있던 관심사를 발견하게 될지. 그렇게 된다면 분명 행복을 맛볼 것이다.

고통 후에 맛보는 쾌감

지인과 오랜만에 통화를 했다. 요즘 뭘 하며 지내냐는 물음에 "주로 책을 읽으며 지내고 있다"고 대답했다. "재미없어!"라는 말이 반사적으로 돌아왔다. 순간 머쓱해졌다. 잠시 후 의문이 들었다. 책을 읽는 사람이 재미없다는 것인가? 주변에서 책을 좀 읽는 사람들을 떠올렸다. 그들과 대화하면 유쾌하고 이야깃거리가 풍성하다. 재미없지 않다. 지인이 말한 재미없다는 말은 책 읽는 사람이 아니고 책 읽는 시간을 뜻하는 것 같았다.

맞다. 책을 읽는 것이 습관이 안 된 사람들에게는 재미없는 것이 사실이다. 힘들고 고통스럽기까지 하다. 어지간한 사람이 아니고서는 책을 읽기 시작해서 30분을 움직이지 않고 견디기 힘들 것이다. 내용이 무겁거나 어려운 책, 어쩔 수 없이 의무적으로 읽어야 하는 책이라면 더욱 읽어내기 어려울 것이다. 어쩌면 아예 책을 덮어버리고 싶을지도 모른다. 이쯤 되면 책 읽기는 고문이 아닐 수 없다.

그런데도 사람들은 책을 읽어야 한다고 말한다. 정작 자기 자신은 책을 읽지 않으면서 타인에게는 그 힘든 고난의 길로 들어가라고 종용하기까지 한다. 왜 그럴까. 책을 읽는 일이 가치 있는 일이라는 것을 알기 때문이다. 힘들고 어려운 일이지만 지속해서 읽다 보면 습관이 되고 더 큰 기쁨과 보람이 주어진다는 것을. 다만 실천으로 연결되기는 더 어렵다는 것을. 그래서 나는 못하지만 당신이라도 읽으면 좋겠다는 권고일 것이다.

이름을 대면 알 수도 있는 유명한 한 저자는 잘 다니던 회사를 그만두고 도서관에서 3년 동안 만 권 이상의 책을 읽고 난 후 저자로 다시 태어났다고 한다. 상상도 못했던 작가의 재능이 뿜어져 나왔다는 것이다. 그가 책을 읽은 3년의 세월을 계산해 보았다. 하루 8시간씩 읽었다고 가정했을 때 거의 일만 시간에 달한다. 말콤 글레드웰이 말한 '일만 시간의 법칙'이 그에게 작용한 것일까?

공대 출신인 그도 처음에는 책 읽기가 고통스러웠을 것이다. 그 고통의 시간이 지난 후 기적처럼 글이 나올 때 자신도 놀랐다고 한다. 누구든 책 읽기에 그만큼 시간을 채우고 나면 글이 술술 써지는 기적 같은 일이 일어날까?

나의 책 읽기를 되돌아보았다. 본격적으로 책을 읽기 시작한 지 5년째다. 책을 읽은 햇수는 앞에서 언급한 저자보다 더 되었지만 읽어낸 시간은 턱없이 부족하다. 하루에 한 시간 정도 읽어서 일만 시간을 채우려면 앞으로 20년 하고도 몇 년을 더 보내야 한다. 멀고 먼 여정이다. 다만 직장에서 정년퇴직을 하면 책 읽는 시간을 좀 더 확보할 수 있을 것이다. 현직에서는 물러나지만 책 읽을 시간을 자유의지로 조절할 수 있으니 은근히 기다려지기도 한다.

책 읽기가 처음부터 쉽지는 않았다. 자기계발서나 소설 종류는 꾸준히 읽어왔던 장르이기 때문에 어려움 없이 읽어낼 수 있었다. 그러나 인문 고전 장르를 읽어내기 위해서는 고전을 면치 못했다. 내가 막 책 읽기에 입문하고 얼마 안 되어 변화경영 전문가 구본형의 유작이 된《구본형의 마지막 수업》을 읽게 되었다. '나를 만든 세계문학 고전 독법'이라는 부제가 달린 책으로 442쪽이나 되는 책 두께에 미리 압도되었다. 책 내용은 부제가 말하는 것처럼 〈그리스로마 신화〉에서 〈허클베리 핀의 모험〉까지 세계문학고전 열일곱 편에 대한 구본형식 독서방법을 담고 있다.

부끄러운 고백이지만 이 책에 나온 고전 열일곱 편 중 내가 읽은 책은 세 편 밖에 안 되었다. 그나마 오래전에 읽어서 기억조차 가물가물했다. 이 책을 읽으면서 그동안 나의 책 읽는 방법을 생각하지 않을 수 없었다. '책은 이렇게 읽어야 하는구나' 생각하며 정독을 하다 보니 책장이 쉽게 넘어가지 않았다. 독서토론 날짜에 맞춰 읽어내느라 남은 책 페이지를 여러 번 가늠하곤 했다.

독서습관이 안 된 상태에서 두껍고 깊이가 있는 책 읽기는 말 그대로 고통이었다. 순전히 엉덩이의 힘으로 읽었다고 해도 과언이 아니다. 그 책을 끝까지 참고 읽게 된 이유 중 하나는 밑줄을 긋고 붉은색으로 별표시를 해놓은 이 문장이 마음에 와 닿았기 때문이다.

가장 좋은 것은 자기가 원하는 일을 하면서 평생 즐기는 것이지만 자기가 원하는 일이 아직 보이지 않을 때는 지금 하고 있는 일을 열심히 하는 것이 중요하다.

지금 내가 하는 일은 이 책을 읽는 일이다. 그러니 무조건 읽자고 생각했다. 그 책을 일주일에 걸쳐서 다 읽고 나니 형언할 수 없는 기쁨이 밀려왔다. 그것은 힘든 시간을 견뎌낸 후에 오는 성취감이자 일종의 쾌감이었다. 이 긍정적인 경험은 나에 대한 믿음으로 전달되었고 이후 두꺼운 책이든 어려운 책이든 얼마든지 읽어낼 수 있다는 자신감이 생겼다.

책 읽기가 습관이 되기까지는 고통스러운 시간을 견뎌내야 한다. 포기하지 않고 그 과정을 이겨내면 더 큰 쾌감을 맛보게 된다. 책이 재밌어지고 자신의 내적 성장을 느끼게 될 것이다. 직접 느껴봐야 그 맛을 안다.

나를 지탱하는 힘

진 웹스터의 《키다리 아저씨》에 나오는 사랑스러운 주인공 주디는 부지런하고 영특한 소녀다. 주디는 키다리 아저씨라 부르는 후원자 덕에 대학을 다니게 된다. 고아원에서만 살다가 세상 속으로 나오게 된 주디는 자기 또래에 알고 있어야 할 지극히 당연한 것조차 모른다는 것을 알고 당황하게 된다. 주디가 얼굴도 모르는 자신의 후원자에게 쓴 편지다.

친애하는 키다리 아저씨께……

미켈란젤로에 관하여 들어본 적이 있으세요?

그는 중세 때 이탈리아에서 살았던 유명한 미술가입니다. 국문과 학생들은 모두 그를 알고 있었던 모양인데 제가 그를 대천사인 줄로 알고 말했다가 모든 학생들의 웃음거리가 되었답니다. …… 대학에 와서 곤란한 것은 사람들이 내가 배우지 않은 많은 것들을 내가 알고 있다고 여기는 것입니다. 때때로 매우 당황할 때도 있습니다. 이제는 다른 학생들이 제가 모르는 것에 관해 이야기하면 저는 그저 입을 다물고 있다가 나중에 백과사전을 찾아봅니다.

미켈란젤로가 누구인지 몰라 친구들에게 웃음거리가 되었다는 내용이다. 그다음부터 주디는 자신이 더는 웃음거리가 되지 않기 위해 모르는 것이 나오면 백과사전을 찾아 읽는다고 했다. 주디가 친구들에게 놀림을 받는 동안 자칫 열등감에 사로잡혀 대학 생활이 순조롭지 못할 수도 있었을 텐데 조금도 흔들리지 않았던 힘의 원천은 무엇일까. 그것은 주눅들지 않고 남들보다 더 열심히 책을 읽는 것이었다.

나 역시 독서모임 리더스클럽에서 책을 읽기 시작했을 때《키다리 아저씨》의 주디와 같은 심정이었다. 다른 회원들과 대화하다가 그들은 이미 읽어서 알고 있는 책을 나는 모르는 경우가 있었다. 그럴 때마다 나의 지적 초라함에 부끄러움을 느꼈다. 나는 아무 말 않고 있다가 집에 가서 얼른 그 책을 주문했다. 그뿐인가. 내가 모르는 저자 이름이 오가면 한쪽에서 그 이름을 몰래 스마트폰으로 검색해보곤 했다. 한 예로 내가 아무리 도서관에서 책을 많이 다루었더라도 고미숙, 박웅현 같은 저자의 책은 읽어보지 않았으니 그들이 독서인들에게 얼마나 영향력 있는 저자인지 알 수 없었다.

나는 모른다는 것에 대해 부끄러움을 만회하기 위하여 책을 읽고 또 읽었다. 박웅현의 《책은 도끼다》를 읽는 중에 책을 왜 읽어야 하는지에 대한 문장이 눈에 띄었다. 카프카가 한 말로 워낙 유명해서 이미 아는 사람은 식상할 수도 있다. 하지만 이제 책을 읽기 시작하는 사람에게는 나처럼 처음 접하는 문장이 될 수도 있으므로 소개한다.

우리가 읽는 책이 우리 머리를 주먹으로 한 대 쳐서 우리를 잠에서 깨우지 않는다면 도대체 왜 우리가 그 책을 읽어야 하는 것이냐. 책이란 무릇 우리 안에 있는 꽁꽁 얼어버린 바다를 깨뜨리는 도끼가 되어야 한다.

이 말은 내게 신선한 충격으로 다가왔다. 특히 '도끼'라는 부정적인 단어가 주는 거부감과 달리 책이 도끼가 될 수 있다는 것에 전율했다. 그즈음에 읽는 책들은 대부분 나에게 도끼가 되었는데 이 책이 가장 먼저 도끼가 되어 내 안의 얼어있는 바다를 깨뜨려주었다.

나에게 도끼가 되어준 책이 또 있다. 행복 공부 모임에서 펴낸 《천천히 읽기 그리고 생각하기》다. 내게 인문학을 맛보게 해준 마중물 같은 책이다. 또 너무나 유명한 헨리 데이비드 소로의 《월든》은 사람이 살아가는 데 필요한 최소한의 비용과 소유에 대하여 다시 생각할 수 있게 해주었다. 역시 박웅현의 《여덟 단어》는 인간본질에 대한 사유를 다룬 책으로 나를 깊이 있게 바라보는 시간을 선물했다. 빅터 프랭클의 《죽음의 수용소에서》를 읽고 나서는 내 삶의 의미에 대해 질문하지 않을 수 없었다. 나에게 주어진 한순간도 허투루 보내면 안 될 것 같았다.

다른 책들도 크든 작든 나에게 영향을 미쳤다. 삶의 순간순간 사사로운 인간관계에서 지쳐가는 자존감을 지킬 수 있도록 해주었고, 자녀와의 가치관 차이에서 오는 갈등을 해소하는 방법도 책 속에서 얻어냈다. 정년을 앞두고 시나브로 떠오르는 미래에 대한 막연한 불안과 걱정도 책을 읽다 보니 담담해졌다. 이렇게 말하니까 책이 무슨 만병통치약처럼 인간사를 해결해주는 해결사냐고 반문할지 모르겠다. 자신 있게 '그렇다'고 대답하고 싶지만 사람마다 그럴 수도, 그렇지 않을 수도 있을 것이다.

책을 읽기 위해서는 혼자만의 시간이 필요하다. 상대적으로 다른 시간을 포기해야 한다. 나는 친구들과의 수다를 포기했고 인기있는 드라마와 웃음을 주는 예능 프로그램 시청도 포기했다. 그렇게 했는데도 내가 바라던 가시적인 효과가 나타나지 않자 책을 읽는 것이 무슨 의미가 있겠냐고 지레 부정적인 생각이 들기도 했다. 역설적이게 그런 생각을 다스리는 데도 책이 필요했다. 책을 읽다 보니 이덕무의 글들이 마음에 와 닿았다. 조선시대에 서얼로 태어나 처절하게 책을 읽었던, 결국 독서로 이름을 떨친 그도 책을 읽으며 자신을 다스렸다고 한다.

선비가 한가로이 지내며 일이 없을 때 책을 읽지 않는다면 다시 무엇을 하겠는가? 그렇지 않게 되면 작게는 쿨쿨 잠자거나 바둑장기를 두게 되고, 크게는 남을 비방하거나 재물과 여색에 힘을 쏟게 된다. 아아! 나는 무엇을 할까? 책을 읽을 뿐이다.

사람은 힘들고 어려울 때뿐만 아니라 마땅히 할 일이 없을 때도 주변의 무가치한 유혹에 쉽게 넘어간다. 특히 자신을 지킬 힘이 부족할 때 더 쉽게 무너진다. 지금 하는 일, 직장에서의 인간관계, 친구, 가족관계 혹은 자기 문제 등 어떤 이유에서든 힘든 시간을 보내고 있다면 흔들리지 않도록 자신을 지탱해줄 힘이 필요하다. 이 힘은 자신의 내면에서 나와야 하며 스스로 길러야 한다. 말처럼 쉽지 않지만, 책을 읽어보면 방법을 찾을 수 있을 것이다. 주디가 그랬고 이덕무가 그랬던 것처럼. 그리고 나도 그랬던 것처럼.

시간이 없다는 사람에게

"국민 85퍼센트 책 읽는 사람 매력적"이라는 기사 제목이 눈에 띄었다. 국민 대다수는 책 읽는 사람에 대해 여전히 매력적이라고 느낀다는 것이다. 시장조사 전문기업 마크로밀 엠브레인이 성인 남녀 1,000명을 대상으로 독서의 필요성에 관해 설문조사를 한 결과다. 스마트폰에 밀려 책을 읽는 사람들이 현저하게 줄었다고 하는데 의외의 결과가 아닐 수 없다. 그러나 사람들은 책을 읽는 사람에게 매력을 느낄 뿐 정작 본인은 책을 읽지 않는 것으로 보인다. 문화체육부의 '2017년 국민 독서실태 조사'에 의하면 우리나라 성인의 한 해 평균 독서량이 8.3권으로 나타났다. 한 달에 한 권도 채 읽지 않는다는 이야기다. 책을 읽어야 할 필요성을 느끼지만 시간이 없다는 게 책을 읽지 않는 이유다.

동우董愚라는 사람이 있다. 중국 후한 말기부터 삼국시대까지 활동했던 학자인데, 말과 행동이 더디고 서툰 것으로 유명했던 인물이다. 그러나 그는 어릴 때부터 책을 손에서 놓는 일이 없었다고 한다. 집안이 몹시 가난했던 탓에 젊은 시절 농사짓고 봇짐장수를 할 때도 책만큼은 꼭 지니고 다니면서 읽는 일을 게을리하지 않았던 인물이다.

그는 마침내 후한 헌제獻帝 때 황문시랑黃門侍郎이 되어 임금 앞에서 글을 강론하였고, 위 명제明帝 때는 시중侍中과 대사농大司農이라는 높은 벼슬에 이르렀다. 그는 아무리 바쁘고 힘들어도 책을 읽고 글을 쓰는 일을 결코 거르지 않았다고 한다. 그런 그와 관련해서 지금까지 내려오는 유명한 말이 있다. 바로 '동우삼여三餘설'이다.

배움은 세 가지 여가만 있으면 충분하다. 겨울은 한 해의 여가이고, 밤은 하루의 여가이며, 비 오는 날은 맑은 날의 여가이다學足三餘 冬者歲之餘 夜者日之餘 陰雨者時之餘也.

그의 말대로라면 시간이 없어 책을 읽지 못한다는 말은 핑계에 지나지 않는다. 바쁜 생활에 쫓겨 한가하게 책 읽을 시간이 없다는 이들이 새겨들을 말이다. 이 말을 정민 선생은 《오직 독서뿐》에서 다음과 같이 부연한다.

사는 게 바빠 책 읽을 여가가 없다고 투덜거리지 마라. 낮에 바쁘면 밤에 읽고, 갠 날 바쁘면 흐린 날 읽고, 여름에 바쁘면 겨울에 읽으면 된다. 농경생활에서나 가능한 일이지만 막상 미루어 확장하면 다를 게 없다. 학생들은 학기 중에 바쁘면 방학 때 읽고, 시험 때 바쁘면 시험이 끝난 뒤에 읽으면 된다. 직장인은 회사에서 바쁘면 출퇴근 시간에 전철에서 읽고, 쓸데없는 술자리를 줄여서 읽을 일이다. 도대체 책 읽을 시간이 없다고 하는 말은 그저 한 마리의 무지렁이 밥벌레로 살겠다는 말과 같다.

시간이 없어서 책을 읽지 못한다는 말은 변명거리가 될 수 없으며 누구나 자투리 시간 혹은 숨어있는 시간을 활용하면 얼마든지 책을 읽을 수 있다는 것이다. 아무리 바빠도 천천히 찾아보면 어디에도 없을 것 같던 시간이 분명 보인다는 말이다. 사실 우리가 보내는 하루를 가만히 살펴보면 무심하게 흘려보내는 아까운 시간이 얼마나 많은가. 나와 관계없는 연예인이나 남 이야기로 수다 떠는 시간은 없는지, 습관처럼 밤늦도록 술자리를 가지면서 시간을 낭비하지는 않은지 생각해볼 일이다. 물론 일상의 수다와 알코올의 힘이 때로는 삶의 활력소가 되기도 한다.

내가 책을 읽기 시작했을 때 항상 시간이 부족해서 안타까웠다. 읽어내야 할 책은 많은데 대부분 직장인이 그렇듯 낮 시간은 업무로 바쁘고 퇴근 후에는 가사를 돌봐야 했다. 때로는 동료나 친구를 만나 차 한 잔 마시며 수다 떠는 시간도 필요했다. 주말은 또 어떤가. 일주일치 먹거리를 준비하기 위해 마트에 가야 하고 집안의 대소사 등 일이 항상 기다리고 있었다.

그렇다고 직장을 그만둘 수도, 집안일을 안 할 수도 없다. 시간을 절약하거나 따로 만들어내는 것 외에 다른 방법이 없었다. 작정하고 아침에 한 시간 먼저 일어났다. 저녁에는 최대한 시간을 아끼기 시작했다. 퇴근 후 될 수 있는 대로 약속을 잡지 않고 집안일은 요령껏 줄이거나 가족의 도움을 받았다. 주말마다 가던 대형마트를 가지 않고 집 앞에서 필요한 것을 그때그때 해결하니 시간이 또 절약되었다. 그렇게 짬짬이 나는 시간에 의무적으로 책을 펼쳐 들었다. 그 결과 2014년과 2015년에 한 달 평균 6권을 읽을 수 있었다. 이전의 내 독서량으로 볼 때 엄청난 발전이었다. 일 년을 통틀어도 불과 몇 권 읽는 게 고작이었는데 시간을 아끼고 활용한 결과다.

안대회 교수는《선비답게 산다는 것》에서 "한가로운 순간에도 바쁠 때가 있고, 바쁜 순간에도 한가로운 때가 있는 법"이라고 했다. 하루 10분만 찾아내도 한 달이면 300분이라는 시간을 벌 수 있다. 무려 5시간을 번다. 가벼운 소설은 2권도 읽을 수 있는 시간이다.

책 읽을 시간이 없는가? 아침에 한 시간만 일찍 일어나 보자. 책을 보통 속도로 읽으면 한 시간에 40쪽 이상 읽을 수 있다. 물론 책 두께와 내용의 경중에 따라 다르겠지만 아침 시간만 잘 활용해도 월요일에서 금요일까지 책 1권은 거뜬히 읽어낼 수 있다. 주말은 편안한 마음으로 책읽기에 더 좋은 시간이다. 작정하고 읽는다면 1권은 읽을 수 있다. 즉 주중 아침시간을 이용해서 1권, 주말에 1권 이렇게 일주일에 2권 읽기가 가능하다.

말이 쉽지 실천하기는 쉽지 않다. 하지만 하루 스물네 시간은 누구에게나 동일하게 주어진다. 주어진 시간을 어떻게 보내고 어떻게 활용하느냐에 따라 책 읽을 시간은 있을 수도 있고 없을 수도 있다. 책을 읽으며 매력적인 사람이 되고 싶은가. 선택과 노력은 전적으로 자신의 몫이다.

읽고 또 읽다 보면

한 미국인이 워런 버핏에게 그를 성공으로 이끈 지혜가 무엇인지 하나만 알려달라고 편지로 물었다. 그에 대해 버핏이 이렇게 직접 답장을 썼다.

"읽고 읽고 또 읽어라."

버핏은 '매일 깨어있는 시간의 3분의 1 이상을 독서에 투자하며 다른 사람들보다 5배 이상 책을 읽었다'고 한다. 엄청난 독서광이다. 버핏에게 독서는 그가 투자의 귀재가 된 비결이었고 성공의 열쇠였다.

특별한 독서로 이름을 떨친 이가 또 있다. 김시민의 손자이기도 한 김득신이다. 그는 열 살이 되어서야 글을 배우기 시작했는데 머리가 우둔하여 방금 읽고 외운 문장을 돌아서면 까마득히 잊어버렸다. 김득신은 나이 스물이 되어서야 비로소 글 한 편을 지었다. 이에 그의 아버지는 크게 감격해서 말했다.

"그래 참 잘했다. 그런 식으로 열심히 노력해라. 공부는 꼭 과거를 보기 위해서 하는 것은 아니다."

아버지의 격려 덕분인지 김득신은 주변의 놀림과 빈정거림에도 끄떡하지 않고 자신만의 특별한 방법으로 공부를 계속했다. 그 방법이란 다른 사람이 몇 번 읽을 때 자신은 몇백 번 읽고, 다른 사람이 몇십 번 읽을 때 자신은 몇천 번, 몇만 번 읽는 것이었다. 그는 글 수백 편을 뽑아 놓고 밤낮으로 읽고 또 읽었다. 그는 마침내 쉰아홉이 되어서야 과거에 급제했다.

김득신은 자신의 초당 안에 억만재라는 서재를 만들어놓고 자신이 좋아하던 글들을 수만 번씩 읽고 또 읽었다. 억만재는 '억만 번이나 글을 읽은 방'이라는 뜻이다. 또한, 그가 자신이 글을 읽은 횟수를 독수기에 기록했는데, 《사기열전》에 나오는 〈백이전〉은 일억일만삼천 번이나 읽었다고 적혀 있다. 당시의 일억은 지금의 십만을 가리키니 실제 그가 읽은 횟수는 십일만삼천 번이다.

그런데 그가 얼마나 머리가 나빴는지 길을 가다 우연히 들려온 〈백이전〉의 한 구절을 기억하지 못한 에피소드가 있다.

"글이 아주 익숙한데, 무슨 글인지 생각이 안 나는구나."

"부학자 재적극박 어쩌고저쩌고 한 것은 나리가 평생 맨날 읽으신 것이니 쉰네도 알겠습니다요. 나리가 모르신단 말씀이십니까?"

말고삐를 끌던 하인의 말을 듣고 김득신은 그제야 그 글이 〈백이전〉임을 깨달았다는 이야기다. 그는 이처럼 지혜가 부족하고 몹시 노둔했는데도 글을 읽고 또 읽어 마침내 시인으로 이름을 떨쳤다. 김득신의 이야기는 요즘 말로 인간승리가 아닐 수 없다.

나는 책 읽는 즐거움이 다른 어떤 활동보다 정신적으로 큰 만족을 준다는 것을 깨닫게 되면서 욕심이 생겼다. 인문고전 독서에 도전하고 싶어진 것이다. 유명 독서인이나 명사들이 모두 고전을 읽으라고 해서가아니다. 책을 읽다 보니 인문고전에 관심이 갔다. 아니면 내 나이의 연륜이 그런 책을 찾는 시기가 되었는지도 모르겠다.

나의 독서 이력을 돌아보았다. 나의 20, 30대는 주로 소설과 에세이 종류를 읽었다. 소설을 읽으면서는 작품 속 주인공과 나를 비교하고 혹은동일시하면서 내가 마치 주인공이라도 되는 양 기쁘거나 슬픈 감정 사이를 오락가락하는 것이 즐거웠다. 에세이를 읽으면 삶에 대한 저자의 생각에 공감하기도 하고 때로는 감동하기도 하면서 나름의 기쁨이 있었다. 40대가 되어서는 자기계발서에 눈이 갔다. 책에서 말하는 대로 따라하면나도 성공할 것 같은 기대가 있었다. 하지만 읽을 때뿐 실천으로 연결되지는 않았다. 그리고 50대가 되어 책 읽는 재미를 알게 되니 인문서가 끌리기 시작했다. 특히 《논어》나 《노자》 같은 동양고전 속 문장들은 과거2000년 전 내용임에도 불구하고 현대인의 삶에 적용할 수 있다는 게 놀라웠다. 짧은 문장 하나에도 인간으로서 어떻게 살아야 하는지 지켜야 할 도리가 무엇인지 순간순간 깨닫게 하는 큰 지혜가 들어 있었다.

　다행히 스티브 잡스의 영향 때문인지 우리 사회에 인문학 붐이 일었다. 출판계에서는 입문자들을 위한 다양한 길잡이 도서들이 출간되었다. 《독서는 절대 나를 배신하지 않는다》의 저자 사이토 다카시 역시 고전을 읽기 위해서는 해설서 혹은 안내서를 먼저 읽으라고 권한다. 본인도 《차라투스트라는 이렇게 말했다》를 읽기 전에 도쿄대 교수가 번역한 《차라투스트라》를 먼저 읽었다고 한다. 책의 각 장 첫머리에 이해하기 쉽게 내용이 정리되어 있고 주석이 충실해서 독서에 큰 도움이 되었다고 했다.
　그다음에는 반복해서 읽기를 권한다. 고전은 그 양과 깊이가 방대해서 한 번 읽고 책에 담긴 뜻을 이해하는 것은 불가능하기 때문이라는 것이다. 일단 안내서를 읽고 전체적인 내용을 파악했다면 꼼꼼히 여러 번 반복해서 읽으라고 말한다. 고전은 그 뜻을 음미하면서 읽을 때마다 다르게 읽히는 것이 매력으로, 마흔에 읽을 때와 쉰에 읽을 때 의미가 다르게 다가올 것이라는 말이다.

　책을 읽는 방법은 하나다. 읽고 또 읽는 것이다. 읽고 또 읽다 보면 워런 버핏처럼 책 속에서 성공의 법칙을 발견하게 될 것이고, 고전 한 권을 선택해서 읽고 또 읽다 보면 사는 동안 지혜와 통찰력을 지닌 친구를 한 명 옆에 둔 것이나 다름없을 것이다. 무슨 책이라도 괜찮다. 자신에게 도움이 된다고 생각하는 책이 있으면 읽고 또 읽어보자.

암흑보다 촛불

언제부터인지 지인들과 대화를 하는 중에 나이라는 단어가 많이 등장하고 있음을 알았다. 이야기하다가 자주 '나이 먹으니까……'라는 말을 전제로 깔고 있었다. 가령 나이를 먹으니까 글자도 잘 안 보이고, 여기저기 몸의 기능도 떨어지고, 기억력도 예전 같지 않다는 말이다. 나이가 비슷한 연배끼리는 하소연처럼 하는 이런 말이 서로에게 위로가 되지만 그 이면에는 나이 들어가는 것에 대한 서글픈 감정이 깔려 있다. 누군들 나이 먹는 것이 달갑겠는가. 피할 수만 있다면 나이 듦을 피하고 싶고, 할 수만 있다면 시간을 거꾸로 가게 하고 싶은 것이 인지상정이다. 하지만 누구도 피해갈 수 없는 자연의 섭리인 것을 어찌하겠는가.

진나라에 사광이라는 악사가 있었다. 악사는 궁중에서 음악을 연주하던 벼슬아치로 고대 중국에서는 대체로 장님이 맡았다고 한다. 사광도 앞을 보지 못하던 맹인이었는데, 그가 악기를 연주하면 새가 입에 물고 있던 모이를 떨어뜨릴 정도로 실력이 뛰어났다. 게다가 음악뿐 아니라 정치, 군사, 외교를 비롯해 다양한 방면으로 지혜를 갖춘 인재였기에 진나라 임금이었던 평공은 그를 가까이 두고 스승이자 친구처럼 대했다고 한다. 하루는 평공이 한숨을 쉬면서 말했다.

"내 나이 일흔인데, 배우고 싶으나 너무 늙어버린 게 걱정이오."

그러자 마주 앉아 있던 사광은 아무렇지도 않게 묻는다.

"어찌 촛불을 밝히지 않습니까?"

평공은 '전하, 지당하신 말씀입니다'라고 맞장구를 치면서 자신의 마음을 헤아려줄 줄 알았는데, 왜 촛불을 밝히고 공부를 하지 않느냐는 사광의 말에 아무리 아끼는 신하이지만 속으로 괘씸한 마음이 들어 화를 냈다.

"어찌 임금의 신하가 되어 자기 임금을 희롱하는 것이오?"

그러나 사광은 조금도 흔들림 없는 자세로 대답한다.

"저처럼 눈이 먼 신하가 어찌 감히 임금을 희롱하겠습니까? 제가 들으니 어려서 배움을 좋아하는 것은 해가 뜰 때의 볕과 같고, 어른이 되어 배움을 좋아하는 것은 해가 중천에 떠 있을 때의 빛과 같으며, 늙어서 배움을 좋아하는 것은 촛불을 밝혔을 때의 밝음과 같다고 했습니다. 이 세 가지 가운데 어느 빛이라도 있는 것과 캄캄한 속을 걷는 것 가운데 어느 것이 낫겠습니까?"

137

옛날의 공부는 책을 읽는 것이었다. 사광의 말대로라면 늙었다고 배움을 놓으면 암흑 속을 걷는 것과 같으니 희미한 촛불의 밝음이라도 보려면 손에서 책을 놓으면 안 된다는 것이다. 하지만 주변에는 나이가 많아서 책을 읽지 못한다는 사람이 있다. 이 나이에 책은 읽어서 어디에 쓰냐고 그냥 편하게 살겠다고 한다. 정말 나이가 많다는 것이 공부를 할 수 없는 이유가 되고, 책을 읽지 못하는 이유가 될까?

내가 독서의 즐거움을 알게 된 것은 50대 중반이다. 책을 읽는 것이 다른 어떤 활동보다 만족감을 주었다. 읽다 보니 독서전문가로 이름을 알리고 싶은 욕심도 생겼다. 그러나 내 나이를 생각하니 주저하는 마음이 들었다. 내가 만약 20대 혹은 30대부터 독서의 즐거움을 알게 되었다면, 아니 40대부터라도 본격적인 책 읽기를 했다면 지금 나는 어떤 사람이 되어 있을까. 아쉬운 마음이 들었다. 고맙게도 사광의 이야기는 나에게 위로가 되었다. 진정 책을 읽고자 한다면 나이쯤이야 무슨 문제가 있겠는가. 백세 시대에 앞으로도 살아갈 날이 40년이나 남았다. 꼭 전문가가 될 필요는 없다. 대신 눈이 보이는 한 책을 읽겠다는 마음만은 내려놓지 말자고 다짐했다.

2년 전 여름 직장 관리자 대상 연수에서 들은 강사의 말 한마디가 인상적으로 기억에 남았다. 은퇴 이후의 삶에서 가장 무서운 것은 '시간을 보내는 것'이라는 말이었다. 사람은 시간을 어떻게 보내느냐에 따라서 삶의 질이 달라질 수 있다. 나이 든 사람이건 젊은 사람이건 삶에서 친구, 여가, 일 등 의미 있고 재미있게 시간을 보낼 방법은 많다. 그러나 점점 나이가 들어감에 따라 일과 친구가 줄어들게 된다. 여가를 즐기기에도 신체의 한계를 무시할 수 없다. 하루 24시간이 20시간으로 줄어들 가능성도 없다. 그러니 시간이 남아돌아 무엇을 할지 모르겠다면 가장 좋은 방법은 책을 읽는 일이다. 책을 읽는 일은 친구가 없어도 되고 가만히 앉아서 할 수 있는 일이니 몸이 힘들지도 않다. 오히려 책이 친구가 되어 시간을 무료하지 않게 보낼 수 있다.

사광의 말처럼 나이가 들었다고 아무것도 하지 않는 일은 암흑 속을 걷는 것과 같다. 반면 책을 읽는 것은 촛불을 밝히는 것과 같다. 암흑 속을 걸을 것인가 아니면 촛불을 밝힐 것인가. 선택은 자신의 몫이지만, 암흑보다는 촛불이라도 밝히는 것이 낫지 않겠는가?

어떤 책은 맛보고, 어떤 책은 삼키고,
소수의 어떤 책은 잘 씹어서 소화해야 한다.

베이컨

4장

나만의
책 읽기가
답이다

즐겁게
읽는다

책 읽기를 괴롭게 하는 것

Book 한때 대학마다 도서관에서 적극적으로 학생들의 독서를 유도해야 한다는 인식이 퍼지고 있었다. 서울의 S 대학과 지방의 C 대학 도서관이 선두가 되었다. 두 대학은 독서 토론 클럽 등 다양한 독서프로그램을 운영하면서 학생들을 독서의 장으로 끌어냈다. 이들 도서관의 성공사례는 언론에서도 이슈가 되었고 많은 사서들에게 동기를 부여했다. 사서들은 학생들의 독서를 도서관에서 주도해야 한다는 책임감을 느꼈고 각자의 도서관에서 독서프로그램을 운영하고 싶어했다.

내가 재직한 도서관에서도 예외는 아니었다. 가장 먼저 권장도서 목록을 만들기 시작했다. 독서프로그램을 운영하기 위한 첫 번째 단계였다. 권장도서는 문학, 인문·교양, 경제·경영, 정치·사회, 과학, 문화·예술로 장르를 정하고 해당 분야의 책을 교수들에게 추천받았다. 그중 가장 많이 추천된 책으로 '권장도서 100선'을 정했다. 권장도서를 선정하면서 여러 생각이 들었다. 이 책들을 교수들은 다 읽고 추천했을까? 이 권장도서들을 학생들이 쉽게 읽어낼 수 있을까? 아니 읽을 시간이나 있을까?

잘 알다시피 우리나라 대학생들은 중고등학생 시절부터 입시와 내신 성적을 위해 참고서와 씨름하느라 책 읽을 시간이 없었다. 대학에 입학하면 그 기쁨도 잠시 취업을 위해 다시 고군분투해야 한다. 독서보다는 토익 점수를 올려야 하고 학점 관리를 해야 하는 게 학생들이 처한 작금의 불편한 현실이다.

하지만 다행히 독서가 취업에서 중요한 스펙으로 떠오르고 있다는 뉴스 보도가 있었다. 그동안 어학 등 스펙을 중시하던 기업들이 지원자의 독서력과 종합적 사고력을 자기소개서에서부터 묻고 있다는 것이다. 가령 한 시중은행은 '디지털시대 기업들이 인문학적 소양을 강조하는 이유' 등을 자기소개서 항목에 제시했다고 한다. 면접에서 독서의 힘은 더 절실하다. 면접관들이 다양한 질문으로 지원자의 가치관, 사고력 등을 평가하기 때문이다. 평소 독서력을 풍부하게 쌓아놓으면 면접관의 어떤 질문에도 당황하지 않고 질문의 의도를 꿰뚫어 답변할 수 있을 것이다.

사실 책을 읽겠다면 먼저 권장도서 목록을 참고할 수 있다. 우리 대학에서 만들었던 '권장도서 100선'도 학생들이 사회에 나가기 전 꼭 읽어야 할 책이라는 취지로 만들었다. 하지만 그 목록 중에서 즐겁게 읽어낼 책이 과연 몇 권이나 될지 의문이다. 권장도서 목록은 2016년에 '재학 중 반드시 읽어보아야 할 학생 필독 권장도서'로 다시 만들어졌다. 교내에 배포된 이 목록을 살피고 있을 때 누군가 "학생들이 이런 책을 읽을 수 있겠느냐. 이 책을 추천한 교수도 이 중에 읽은 책이 얼마나 되겠느냐"고 말하는 것을 들었다. 물론 추천 기준이 본인이 읽은 책이어야 하는 것은 아닐 것이다. 여러모로 대학생이 읽으면 좋은 책이라는 데 이견을 달 수는 없다.

중고등학생을 대상으로 발표하는 청소년이 읽어야 할 권장도서 혹은 여러 단체에서 발표하는 성인 대상 도서목록도 마찬가지다. 학생이든 일반 성인이든 권장도서가 오히려 책을 읽겠다는 마음을 잃게 할 수도 있다. 추천도서 목록을 들여다보면서 읽을 수 있는 책이 없다고 지레 겁을 먹을 수 있기 때문이다.

책을 읽는다는 것이 고통스러운 일이나 그 시간을 잘 견뎌내면 더 큰 기쁨과 충족감을 느낄 수 있다고 말한 바 있다. 그러나 처음부터 책을 읽는 것이 부담되면 지속해서 읽을 수 없다. 굳이 책을 읽지 않아도 즐길 수 있는 일이 주변에 많기 때문이다. 따라서 양서라는 이유로 읽기를 강권하는 것은 책 읽기를 괴롭게 하는 결과를 초래할 수 있다.

뿐만 아니라 권장도서로 선정되지 않은 책은 읽지 않아도 된다는 억지 논리가 생길 수도 있다. 이를 두고 강창래는 《책의 정신》에서 "권장도서 목록 같은 방식의 독서운동은 목록 밖의 책들을 소외시켜 살해하는, 미필적 고의에 해당하는 의도적 범죄가 될 수 있다"고 그 위험성을 말하고 있다. 유시민 역시 《글쓰기 특강》에서 "'어린이를 위한 고전 100선'이니 'ㅇㅇ추천 청소년 필독서 50선'이니 하는 광고에 현혹되지 마시라. '어린이 논어'니, '어린이 사서삼경'이니 하는 책을 재미있게 읽을 아이는 거의 없다"고 피력했다.

책은 즐거움이 있어야 오래 읽을 수 있다. 권장도서라는 이유로 자신의 수준에 맞지 않는 책 혹은 관심 밖의 따분한 책을 붙들고 읽다가 '책읽기는 역시 괴로워!'하는 불상사가 일어나지 않기를 바란다.

마음이 끌리는 책부터 읽어라

Book W 교수님으로부터 지극히 개인적인 일 한 가지를 도와 달라는 연락이 왔다. 교수님 연구실과 내가 근무하는 곳이 같은 건물이기도 하지만 교수님이 이끄는 공부 모임에서 강의를 들었던 인연으로 당연히 도와드려야 했다. 바로 연구실로 갔다. 아주 간단한 인터넷 금융거래 방법을 알려달라는 거였다. 나한테는 아주 쉬운 일이지만 평소 사용해보지 않은 자신한테는 복잡하고 어려운 일이라고 했다. 쉽게 해결해주고 나니 교수님은 고맙다며 연구실에 있는 책 중에서 읽고 싶은 책 5권을 골라서 가져가라고 했다. 교수님은 평소에도 제자들에게 가끔 책 선물을 즐겨 하는 분이다.

책을 읽고 글을 쓰는 것이 일상인 교수님의 연구실은 출입문과 창문을 제외하고는 벽면이 모두 책으로 채워져 있다. 본인의 전공 관련 책도 있지만 주로 인문 교양서적이 주를 이루고 있다. 책을 5권이나 준다니 믿기지 않아 진짜 가져가도 되냐고 되물었다. 정말 가져가라는 말에 책장을 죽 훑으면서 무슨 책을 고를지 행복한 고민에 빠졌다. 마음 같아서는 한 권 한 권 빼 들고 저자와 목차만이라도 확인하고 싶었지만, 공짜로 책을 고르는 상황에서 그렇게까지 할 염치는 없었다. 우선 제목을 빠르게 훑어 나갔다.

《누드 글쓰기》에서 먼저 눈이 멈췄다. 아마 내가 글쓰기를 배우고 있는 중이어서였을 것이다. 제목 아래 작은 글씨로 쓰인 고미숙이라는 저자 이름을 보고 망설임 없이 그 책을 빼 들었다. 고전문학 평론가인 저자의 책을 이미 몇 권 읽어서 친숙하기도 했지만 인문학 분야에서는 잘 알려진 저자가 아닌가. 제목을 보면서 마음이 끌리는 나머지 4권도 골랐다.

그날 퇴근하자마자 《누드 글쓰기》를 읽기 시작했다. 제목처럼 내용이 무척 궁금했다. 책은 글쓰기 방법론으로 치유의 글쓰기였다. 글쓰기는 나로부터 시작해야 한다는 것, 그것을 번뇌의 커밍아웃이라 불렀다. "각자의 상처와 기억은 세상 밖으로 내보내야 한다. 그래야 그것들이 세상 속으로 흘러가서 바람이 되고 물이 된다" 즉 "자신의 이야기를 통해 고난과 역경을 삶의 기술로 변주하기 위한 과정"이 바로 누드 글쓰기라고 했다.

지금까지 여러 권의 글쓰기 책을 읽어봤지만, 이 책은 제목이 주는 특별한 느낌과 함께 새로운 자극을 주는 글쓰기 책이었다. 제목과 저자만 보고 고른 책이었지만 내용도 함께 만족한 책이었다. 어떤 이유에서든 내 마음이 끌려서 고른 책은 대부분 실패하지 않는다는 것도 확인했다.

간단한 일을 도와준 대가로 맘에 드는 책을 5권이나 받게 된 일은 일종의 횡재요 특별한 경우다. 대개는 책을 인터넷 서점에서 주문하거나 오프라인 서점에 가서 산다. 하지만 딱히 어떤 책을 사야 할지 정하지 않고 서점에 갈 때가 있다. 그럴 때는 책을 쇼핑하듯이 편하게 둘러보다가 마음에 드는 책이 있으면 한두 권 사들고 나온다. 하지만 무슨 책을 골라야 할지 막연하다면 고민하지 말기를 바란다.

우선 관심이 가는 분야의 코너를 찾는다. 그게 소설이나 에세이일 수도 있고, 여행안내서 혹은 자기계발서일 수도 있다. 그중에서 마음에 드는 책을 고르면 된다. 그러나 관련 분야의 책이 너무 많으면 오히려 선택에 방해가 된다. 이럴 때 책을 죽 훑어보면 유독 눈에 띄고 마음이 끌리는 책이 있을 것이다.

책이 마음에 끌리는 이유는 여러 가지다. 우선 유명 저자나 책 제목이 눈길을 끌 수 있다. 책의 광고 문구가 마음을 사로잡을 수도 있다. 때로는 소장하고 싶을 만큼 멋진 표지 디자인에 홀릴 수도 있고, 책의 두께가 선택의 이유일 수도 있다. 아무리 좋은 책이라도 너무 두꺼우면 읽기에 부담스러울 것이기 때문이다. 어떤 경우든 자신의 마음이 끌려 손이 가는 책을 고르면 된다. 책의 첫 인상에 끌렸다면 그 책을 읽는 동안 설렘과 만족이라는 덤이 따라올 것이다.

스티븐 로저 피셔의 《읽기의 역사》에 애서가였던 영국의 사무엘 존슨 박사 이야기가 나온다. 그는 수필가이자 비평가로 18세기 영국에서 가장 유명한 저술가였다. 그는 젊은 시절 한 노인에게 "여보게, 젊었을 때 부지런히 읽고 많은 지식을 쌓게나. 늙으면 책 읽는 것도 힘이 든다네"라는 충고를 들었다. 존슨 박사는 그 노인의 말을 그대로 따라 했다. 주위에 많은 책을 놓아두고 읽고 싶은 마음이 들 때마다 특별한 계획 없이 닥치는 대로 읽었다. 손에 닿는 대로, 마음이 끌리는 대로 읽었다. 존슨 박사는 그렇게 읽은 책이 가장 기억에 남는다고 했다. 그의 말을 들어보자.

우리는 마음이 끌리는 대로 읽어야 합니다. 왜냐하면 과제로서 읽어 좋을 것이 없기 때문입니다. 우리가 끌리는 대로 읽은 것들은 강한 인상으로 남습니다. 만일 마음에 없는 것을 읽는다면 주의를 기울이는 데만 정신의 반은 쓰게 될 것입니다. 그러면 책을 읽는 데는 반밖에 정신을 쓸 수 없습니다.

"아는 것은 좋아하는 것만 못하고, 좋아하는 것은 즐거워하는 것만 못하다知之者不如好之者, 好之者不如樂之者." 논어에 나오는 말이다. 무릇 모든 일은 즐기면서 해야 오래 할 수 있는 법. 책을 즐겁게 읽는 방법은 마음이 끌리고 손이 가는 책을 찾아 읽는 것이다.

인터넷의 토막지식을 토막 내자

Book   추석 일주일 전, 주말을 맞아 남편은 익산에 있는 산소에 벌초를 다녀왔다. 후유증으로 남편의 양쪽 팔에 두드러기가 붉게 올라왔다. 그것도 팔 안쪽의 희고 약한 부분에 오돌토돌 솟아났다. 긁을수록 두드러기는 더 굵게 도드라지고 진물이 났다. 마침 일요일이라서 병원과 약국도 문을 닫았다.

남편은 인터넷으로 두드러기 치료방법을 검색하더니 요법 하나를 발견했다. 글을 올린 본인이 그 방법을 써서 나았다고 했다. 두드러기가 난 환부에 굵은 천일염을 박박 문지르는 방법이었다. 나는 이런 원시적인 방법이 과연 효과가 있겠냐며 의심했지만 남편은 밑져야 본전이라며 그대로 따라 했다. 그 결과 남편은 엄청난 쓰라림으로 고통스러워했으며 환부가 더 악화한 것은 말할 것도 없었다.

그런 일이 있고 난 뒤 나는 인터넷 정보를 외면하고 사는가? 당연히 그럴 수 없다. 지금도 무언가를 찾아볼 때는 인터넷부터 접속한다. 웬만한 궁금증은 손바닥 안에서 스마트폰으로 해결한다. 언제 어디서든 바로 검색할 수 있기 때문에 여간 편리한 게 아니다. 모르는 것이 있으면 '지식인에게 물어봐'라는 말이 나올 정도로 우리의 삶은 이제 인터넷에 의지하지 않고는 영위할 수 없게 되었다. 인터넷은 이제 즉석에서 답을 찾을 수 있는 정보 자판기라고 해도 과언이 아니다.

하지만 인터넷에는 출처가 어딘지 모르는 믿을 수 없는 정보도 난무한다. 가짜 뉴스까지 나돌고 있어서 도대체 무엇이 진짜이고 무엇이 가짜인지 판단할 수 있는 기준이나 근거를 찾기도 어렵다. 뿐만 아니다. 어떤 키워드를 검색 창에 입력하면 가공되지 않은 정보가 무차별로 검색되기 때문에 어느 것이 내가 원하는 정확한 정보인지 확인하는 데만도 많은 시간을 허비해야 한다.

문제는 인터넷에 넘쳐나는 정보로 인해 사람들이 책 읽을 필요성을 느끼지 않는다는 것이다. 뭐든 빠른 것이 기준이 되어가는 시대에 인터넷만 연결하면 원하는 정보가 쏟아지는데 몇 시간씩 투자해서 책을 읽을 필요가 있는가. 오히려 바쁜 시대에 시간 낭비일 뿐이라고 생각할 수 있다. 이는 어쩌면 동시통역 앱을 활용하면 되는데 굳이 어려운 외국어를 공부할 필요가 있느냐고 하는 것과 다르지 않다.

만화는 문장이 짧고 단편적이어서 체계적인 문장력을 습득하는 데 도움이 되지 않는다. 만화의 특성상 흥미 위주의 짧은 문장이 반복되므로 부담 없이 읽을 수 있고 재미가 있어서 아이들은 만화를 좋아한다. 하지만 그런 만화에서 깊이 있는 어휘의 발견, 또는 문맥 속에서 맛볼 수 있는 상상력이나 추론의 힘을 기르기는 힘들다. 물론 학습만화는 경우가 좀 다르다.

인터넷으로 얻는 정보도 이와 같은 맥락이다. 인터넷의 정보는 흘러다니는 정보다. 흘러 다니기 때문에 스쳐 지나기도 쉽지만 원하면 언제든지 내 것으로 취하기도 쉽다. 그런 정보는 전체적인 맥락을 전달하기보다는 아주 짧은 정보로 끝나는 경우가 대부분이어서 말 그대로 토막지식이다. 즉 인터넷의 바다에는 흘러 다니는 토막지식이 원할 때마다 원없이 쏟아진다. 오히려 정보가 너무 많아서 일방적으로 입력되는 느낌마저 받게 된다. 그러니 읽으면서 생각할 틈이 없다. 빨리 훑어보고 넘겨야 다음 정보를 확인할 수 있기 때문이다. 이렇다보니 인터넷으로 읽는 정보는 당연히 뇌리 깊은 곳에 저장되지 않는다.

반면 책에 담긴 정보와 지식은 저자의 노력과 땀의 결정체다. 원할 때마다 쉽게 얻어지지도 않는다. 돈을 주고 서점에서 사거나 발품을 팔아 도서관에 가서 빌려야 취할 수 있다. 시간과 비용을 투자해야만 얻어지는 귀한 정보요 지식이다. 이렇듯 책은 일정한 대가를 치르고 얻은 것이기에 집중하고 몰입하여 읽게 된다. 책 속의 지식이 기억에 체계적으로 저장됨은 물론이다. 나아가 지식이 새롭게 확장되어 생각의 지평을 넓혀준다. 책을 읽으면서 알게 되는 지식이 비로소 확실하게 내 것으로 자리 잡을 수 있다.

하지만 지금 우리가 사는 세상은 인터넷 없이는 단 하루도 살아갈 수 없는 세상이 되어버렸다. SNS는 물론이고 물건 하나 사면서도 다른 사람의 후기를 읽어본 후 구매하고, 여행지에서 식당을 찾을 때도 인터넷으로 맛집을 검색해서 찾아간다. 심지어 점포 없는 인터넷 은행이 등장하는 등 인터넷은 명실공히 우리의 삶을 깊숙이 지배하고 있다. 인터넷 없는 세상을 어찌 상상이나 할 수 있겠는가.

이제 우리에게 필요한 것은 이처럼 삶에서 떼려야 뗄 수 없는 인터넷을 유익하게 활용하되 흘러 다니는 정보에 대처하는 능력이다. 삶에 도움이 되는 정보와 두드러기에 천일염으로 문지르면 된다는 쓰레기 같은 정보를 취사선택할 수 있는 능력 말이다. 이는 인터넷의 토막지식을 과감하게 토막 내는 안목이다. 어떻게? '책을 읽어야'가 답이다. 책을 읽으면 지식이 체계화되고 사고가 유연해지면서 진짜와 가짜를, 쓸모있는 것과 쓸모없는 것을 가려내는 혜안이 형성되기 때문이다.

처음부터 끝까지 읽지 않을 권리

Book 우리 집 책장에 자꾸 책이 늘어간다. 수시로 서점을 드나들면서 맘에 드는 책을 무작정 들여놓은 결과다. 주문한 책을 기다리는 기쁨도 잠시 책을 받아 책장에 꽂아놓으며 '이 책들을 언제 다 읽지?' 잠시 걱정이 된다.

나는 책을 읽을 때 처음부터 끝까지 정독하는 습관이 있어서 책 읽는 시간에 대한 부담이 있다. 일주일에 책 두 권을 읽으려면 평일 아침과 퇴근 후 그리고 주말 하루는 책만 읽어야 가능하다. 하지만 예정에 없던 행사나 일이 갑자기 생길 때는 어림없는 일이다. 주말에 모임이라도 잡혀 있으면 역시 책 읽는 일은 미뤄둬야 한다. 그러다 보면 미처 읽지 못한 책이 책장에 자꾸 쌓여 간다.

하지만 주변에는 일주일에 네다섯 권씩 읽는다는 사람이 있다. 그들이 읽어내는 양은 책 읽는 일을 직업으로 가지고 있을 때나 가능해 보인다. 일 년에 1,000권의 책을 읽었다는 사람도 있다. 이렇게 읽으려면 대략 한 달에 83권, 일주일에 20권을 읽어야 가능한 숫자다. 그렇게 많은 책을 어떻게 다 읽을 수 있는지 궁금함을 넘어 경이롭기까지 하다. 혹시 속독법으로 읽어내는 것은 아닌지 그냥 본문을 훑어보기만 하는 것인지 여러 생각이 든다. 책을 처음부터 끝까지 읽으려면 일주일에 2권 읽기도 쉽지 않은데 20권을 읽는다는 것은 감히 넘기 힘든 벽이 아닐 수 없다.

알고 보니 나름의 방법을 가지고 있었다. 책에 따라 어떤 책은 처음부터 끝까지 읽지 않는 것이다. 일본 최고의 저널리스트이자 독서광으로 유명한 다치바나 다카시도 젊었을 때는 책을 처음부터 끝까지 읽어야 한다는 생각을 하고 있었던 것 같다. 그의 책《나는 이런 책을 읽어왔다》에서 그가 책 읽는 방법에 대해 고민한 흔적을 보았다. 하지만 그는 자신의 그런 생각을 과감하게 떨쳐버리고 세계적인 독서광이 되었다.

나 역시 젊었을 때는 책이란 반드시 처음부터 끝까지 순차적으로 읽어야 한다는 생각에 휩싸여 있었다. 읽고 싶어서 읽기 시작했지만, 다 읽지 못하고 도중에 던져버린 책 때문에 오랫동안 좌절감에 빠져 있기도 하였다. 어른이 되어 비로소 책 가운데 상당수는 처음부터 순차적으로 읽을 만한 가치가 없다는 사실을 깨닫고 나서는 그런 좌절감에서 해방될 수 있었다.

책을 처음부터 끝까지 읽어야 한다고 생각하는 사람들에게 책 읽는 방법을 다시 생각하게 하는 말이다. 이석연 변호사도 《책, 인생을 사로잡다》에서 책을 읽을 때 중요하지 않은 내용은 건너뛰라고 했다. 모든 책을 처음부터 끝까지 완독할 필요가 없으며, 완독의 여부는 읽는 사람의 필요에 의해 결정되는 선택의 문제이지 당연한 논리는 아니라고 했다. 오히려 완독할 것인지 필요한 부분만 골라 읽어야 할지 택하는 것은 독자의 권리다.

그렇다면 처음부터 끝까지 읽을 책과 읽지 않아도 되는 책을 어떻게 구분해야 할까? 물론 어려운 고전이나 인문서는 정독하면서 처음부터 끝까지 읽어야 할 책이다. 필요에 따라서는 두 번 세 번 읽어서 자기 것으로 만들어야 한다. 이런 책은 행간의 의미를 파악하며 읽어야 하는데 한 번 읽어서는 제대로 의미가 전달되지 않을 수 있기 때문이다. 소설 종류도 건너뛰며 읽어서는 안 된다. 이야기의 흐름을 놓치면 안 되기 때문이다. 그러나 자기계발 같은 실용서는 어느 정도 읽고 나면 이 책에서 나온 이야기가 저 책에서도 나오는 경우가 많다. 따라서 이런 종류의 책은 저자가 특별히 강조하는 부분이나 그 책에서만 다루고 있는 내용을 골라서 읽으면 된다. 내용이 처음부터 연결되는 것이 아니기 때문에 어느 부분을 읽어도 책을 이해하는 데 무리가 없다.

예를 들어 사이토 다카시의 《혼자 있는 시간의 힘》은 실용서다. 따라서 처음부터 순서대로 읽지 않아도 되는 책이다. 이 책의 목차를 보면 다음과 같다.

1장 기회는 혼자 있는 순간에 온다

2장 적극적으로 혼자가 돼야 하는 이유

3장 기대를 현실로 바꾸는 혼자만의 시간

4장 혼자인 시간이 나에게 가르쳐주는 것들

5장 누구에게도 휘둘리지 않는 내가 되기 위하여

총 5장 중 어느 장을 먼저 읽어도 내용을 이해하는 데 어려움이 없다. 앞뒤 순서를 바꿔서 읽어도 되고, 꼭 읽고 싶은 부분만 골라서 읽어도 된다. 이렇게 읽는다면 이 책을 읽는 데 그리 많은 시간이 필요하지 않다.

다산 정약용도 책을 읽을 때 세상에 도움이 되지 않는 책은 구름 가듯 물 흐르듯 읽어도 되지만, 만일 백성이나 나라에 도움이 되는 책이라면 반드시 문단마다 이해하고 구절마다 탐구해가면서 읽어야 하며 한낮에 졸음이나 쫓는 태도로 읽어서는 안 된다고 했다. 다산이 말하는 세상에 도움이라는 기준은 독자의 가치관으로 정하면 될 것이다.

책을 읽을 때 처음부터 끝까지 읽지 않을 권리가 있음을 알아두면 책 읽기의 부담이 덜 할 것이다. 나 역시 처음부터 끝까지 읽을 책과 그렇지 않은 책을 구분해서 읽는다면 일주일에 2권 읽는 것이 그리 어렵지 않을 것 같다. 책장에 쌓여 있는 책을 보는 마음이 한결 가벼워진다.

157

아름다운 결핍, 열정으로 읽기

Book 　10년 전쯤 직장 근처 'ㅅ 보육원'에 봉사 활동으로 독서지도를 몇 번 나간 적이 있다. 몇 년 전 정년퇴직한 동료 직원이 사회복지에 관심을 갖고 개인적으로 추진하던 사업에 사서로서 동참한 일이었다. 그곳에서 희수를 만났다. 희수는 아빠와 사는데 아빠가 일을 해야 해서 자신을 보육원에 맡겼다고 했다.

보육원에는 아이들이 읽을 책이 충분하지 않았다. 그래서 우리가 학년별로 책을 준비해서 가지고 갔다. 당시 초등학교 5학년인 희수는 독서지도 시간에 매우 적극적인 모습을 보였다. 독후 활동에도 열심히 참여하는 등 눈에 띄는 아이였다. 그 모습이 기특해서 관심을 두었더니 내게 또랑또랑 자기의 이야기를 했다.

희수는 근처에 초등학교가 없어서 보육원과 좀 떨어져 있는 신설 초등학교에 다닌다고 했다. 신시가지 아파트 개발 지역에 있는 초등학교다. 희수 말에 의하면 "그곳 아이들은 자신처럼 보육원에 사는 아이들을 무시한다. 무시당하지 않기 위해 책을 열심히 읽었다. 그랬더니 성적이 좋아지고 그 후 먼저 말을 거는 아이가 생겼다"고 했다. 그러면서 앞으로도 책을 더 열심히 읽을 것이라고 당차게 말했던, 지금은 청년이 되어 있을 그 아이가 가끔 생각난다. 만약 희수에게 결핍이 없었다면 그렇게 열심히 책을 읽었을까?

나는 50년대 끝자락에 태어나 60년대에 어린 시절을 보냈다. 전기도 들어오지 않던 가난한 시골에 책이 있을 리 없었다. 학년이 바뀔 때마다 지급되는 교과서가 그나마 유일한 책이었다. 교과서라도 새 책을 받고 싶었지만 둘째인 나는 언니가 쓰던 헌책을 물려받을 수밖에 없었다. 새 책이든 헌책이든 교과서를 읽고 또 읽었다.

읍내에 있는 중학교에 진학한 후 교과서 이외의 책을 접할 수 있었다. 학교에 도서실이 있었지만 언제나 문이 잠겨있어서 언제 어떻게 이용해야 할지 몰랐다. 도서실 개방 시간이라든지 이용방법에 대한 안내를 누구한테서도 듣지 못했다. 생각해보니 소극적인 내 탓이라는 생각이 든다. 도서실의 책을 읽고 싶은데 어떻게 하면 읽을 수 있는지 반장에게라도 물어보면 될 일이었다.

어쩌다 반 친구가 만화든 소설이든 가지고 오면 몇몇 아이들이 순서를 정해서 돌려 읽었다. 정작 내 차례가 되어도 빨리 읽고 다른 친구에게 넘겨줘야 했기 때문에 수업시간에 무릎에 책을 펼쳐놓고 선생님 몰래 읽었다. 교과서가 아닌 책을 책상에 놓는다는 것은 상상할 수도 없었다. 나는 자주 고개를 들어 선생님 눈이 어디로 향하고 있는지 확인하곤 했다. 만약 들키는 날에는 책을 빼앗기는 것은 물론 불려 나가 친구들 앞에서 출석부로 머리를 맞고 창피를 당해야 했다. 참으로 스릴 있는 책읽기였다.

중학교 2학년 때로 기억된다. 반 친구가 읽던 연애소설을 빌려서 읽었는데 제목은 생각나지 않고 윤혜라는 주인공 이름만 생각난다. 그 이름이 참 예쁘다고 생각했다. 나도 나중에 결혼해서 딸을 낳으면 윤혜로 이름짓고 싶었다. 그 당시 우리 이름은 '영자', '순희'처럼 '~자', '~희'가 주류였다.

어쩌다 손에 들어온 세계명작은 더 좋았다. 당시 전주에서 초등학교 교사를 하던 숙모가 세계명작을 몇 권 갖다 주었다. 숙모가 구독하던 여성잡지 별책부록으로 나온 책이었다. 책은 2단 세로로 편집된 데다가 글자가 작아서 무척 읽기 힘들었지만, 책에 푹 빠져서 아주 재미있게 읽었던 기억이 난다. 《차탈리 부인의 사랑》, 《주홍글씨》, 《진주 목걸이》, 《노틀담의 곱추》 등이었다. 특히 《노틀담의 곱추》는 얼마 후 TV에서 주말의 명화 시간에 상영해주었다. 소설로 읽은 영화라서 기대하고 보았는데 흑백텔레비전으로 보는 영상은 책을 읽으면서 상상했던 곱추의 모습과 너무 다르고 내용도 축약되어 실망했었다. 그때부터 영화화된 소설은 원작만 못하다는 생각을 하게 된 것 같다.

내게 결핍이 없었다면 소설 한 권을 책상 밑에 숨겨가면서 읽었을까.

겨우 중학생이 《차탈리 부인의 사랑》 같은 애정소설을 읽으며 제대로 이해는 했겠는가. 읽을 책이 없으니 아무 책이나 보이는 대로 읽었고 그 책이 읽어야 할 책인지 아닌지 판단 기준도 없었다. 성인이 된 후 그 소설이 영국의 문호 D.H. 로렌스가 쓴 유명한 소설이라는 것을 알았다. 《차탈리 부인의 사랑》은 로렌스 생전에는 물론 사후에도 여러 나라에서 재판을 통해 외설의 시비를 가려야 했다고 한다. 저술 당시 타이피스트조차 원고의 타자를 거부했다는 것을 알고는 실소가 나오기도 했다.

요즘은 아무리 가정형편이 어려워도 책이 없어서 못 읽는 사람은 없을 것이다. 어떤 방법으로든 책을 읽을 수 있는 사회적 환경이 마련되어 있다. 학교마다 도서실이 있고, 동네마다 작은 도서관이 생겨났으며 지역마다 공공 도서관이 들어섰다. 책을 읽고자 한다면 구하지 못할 책이 없다. 읽을 책이 넘쳐난다. 오히려 책 읽을 마음이 들지 않는 게 문제다.

현대인에게는 좋은 집에 비싼 차 그리고 명품 가방을 들고 다니면서 외적으로 누리는 것들이 풍족해도 어딘지 채워지지 않는 허전함이 있다. 그래서 자꾸 뭔가를 채우려 하지만 쉽게 채워지지 않는다. 물질에 비해 마음이 빈곤한 탓이다. 마음의 빈곤은 때로 책을 읽으면 신기하게도 채워진다. 책은 마음의 눈을 뜨게 하고 정신을 풍요롭게 하기 때문이다.

우리나라 개인당 국민소득은 이제 3만 달러를 앞두고 있다. 60, 70년대의 경제적 빈곤은 어느 정도 해결되었다. 부가 늘어나면서 상대적으로 커지는 마음의 빈곤이 오히려 우리가 넘어야 할 현실이다. 미국의 파라 그레이 재단 설립자는 "억만금으로도 마음의 가난은 해결하지 못한다"고 말했다. 방법은 있다. 책을 읽어서 채우면 된다. 책으로 채우는 마음의 빈곤은 세상에서 가장 아름다운 결핍이다.

오직 책만 읽는 독서 휴가

 리더스클럽 독서토론 오프닝에서 한 회원이 굿 뉴스를 발표했다.

"저는 여름휴가로 지난주 'ㅇㅇ독서 MT'에 다녀왔습니다. 독서 MT에서 2박 3일간 아무 것도 생각하지 않고 읽고 싶은 책 몇 권 가지고 가서 오로지 책만 읽고 왔습니다. 아주 즐겁고 유익한 시간이었습니다."

발표를 듣는 순간 신선한 충격을 받았다. 도서관에서 대학생들을 대상으로 기획하는 독서캠프는 들어봤지만, 일반인들을 대상으로 하는 독서 MT는 들어보지 못했기 때문이다. 그것도 자신이 읽고 싶은 책을 가지고 캠프에 참여해서 자기 책만 읽는다는 것이 무척 새로웠다. 그곳은 사설 단체에서 일반인을 대상으로 개최하는 국내 최대 독서 힐링 프로젝트라고 했다. 캠프 이름도 재미있다. 단순하고 무식하게 지속적으로 책을 읽는다고 해서 '단무지 독서캠프'란다.

그런 캠프에 참여해보면 새로운 경험이 될 것 같았다. 하지만 캠프가 내 일정에 맞아야 하므로 의지만으로 참여하기란 쉬운 일이 아니다. 대신 독서휴가라는 말이 머릿속에서 맴돌았다. 단체의 일정에 맞출 필요가 없는 자유로운 휴가를 보내되 책만 읽는 휴가다. 비록 혼자서 책을 읽지만 독서캠프 못지않은 의미 있는 시간이 될 것 같았다. 나만의 독서휴가를 마음으로만 계획하던 중 이틀의 짧은 독서휴가를 가졌다. 생각보다 쉬운 일이었다.

독서휴가는 지난 여름 주말을 이용해 실행했다. 텃밭이 딸린 작은 오두막에서 오직 책만 읽어보겠다며 아파트를 나섰다. 누구의 방해도 받지 않고 끼니를 챙겨줘야 할 식구도 없는 혼자만의 시간은 달콤한 꿀맛이었다. 일상을 벗어나 내게 주어진 무한 자유로움을 만끽하면서 책을 읽었다. 잠시 쉴 때면 텃밭에서 자라고 있는 방울토마토를 따다 새참을 먹기도 하고, 해가 진 다음에는 밭고랑의 잡초를 뽑기도 했다. 심심하거나 지루할 틈이 없었고 불과 열 평짜리 오두막도 좁게 느껴지지 않았다.

주된 시간은 책을 읽었다. 프레드릭 배크만의 소설 《오베라는 남자》를 읽기 시작했는데 아주 재미있게 하루 만에 다 읽었다. 고집불통 오베라는 남자의 이야기가 잔잔한 감동을 주었다. 소설은 영화로도 나왔다. 나중에 영화를 보면서 책으로 읽었을 때의 감동과 비교해보자고 생각했다. 그리고 평소 읽고 싶었던 서민 교수의 《서민적 글쓰기》를 읽었다. 저자 스스로 지옥훈련이라고 할 만큼 혹독한 글쓰기 훈련을 거쳤다는 그의 글쓰기에 대한 노력과 열정을 엿볼 수 있었다. 나 스스로 독서휴가라 명명하고 지낸 이틀이 더없이 만족스러웠다. 한편으로는 너무 짧은 시간이어서 아쉬운 마음도 들었다.

사실 조선 시대에도 일종의 독서휴가제도인 사가독서賜暇讀書라는 제도가 있었다. 왕이 문신들의 자질향상을 위해 그들에게 일정 기간 휴가를 주어 글을 읽도록 한 제도다. 사가독서의 시발은 세종 때부터였다. 과거에 급제하여 관리가 된 선비들 중 유능한 자를 선발하여 이들에게 별도로 휴가를 주었는데 주로 집에서 글을 읽게 했다. 집에서 글을 읽는다 하여 재가독서在家讀書라 하였다. 당시 박팽년, 신숙주, 성삼문 등이 이런 특혜를 받았다.

사가독서 제도는 세조 때 폐지되었다가 성종이 부활시키면서 독서를 권장하였다. 반면 과제를 주어 수시로 그 결과를 평가했다. 편히 쉰다는 의미의 현대 휴가 개념으로 볼 때 과제와 평가가 조금은 부담스러울 수도 있었을 것이다. 조선 시대에 이처럼 제도적으로 휴가를 주면서까지 관리들에게 독서를 권장한 것은 독서가 나라를 운영하는 저력이 된다는 것을 역사적으로도 확인할 수 있는 대목이다.

독서휴가는 꼭 어떤 단체에서 운영하는 독서캠프에 참여하거나 공식적인 제도를 통해서만 얻는 것은 아니다. 누구나 가지는 휴가를 개인의 자유의사에 따라 독서휴가라고 명명하면 된다. 자신이 좋아하는 장소에서 원하는 날짜에 책을 읽으며 시간을 보내면 그것이 바로 독서휴가다. 오히려 독서 감상문이라는 부담도 없으니 더 가벼운 마음으로 책을 읽을 수 있다.

하지만 많은 사람은 휴가를 이렇게 보내고 싶어 하지 않는다. 일 년에 한 번 얻는 금쪽같은 휴가를 가족이나 친구와 함께 보내고 싶을 것이다. 설레는 마음으로 휴가를 떠나 오감을 만족하는 충분한 휴식과 즐거움을 누리고 돌아오는 경우도 있지만 그렇지 못한 경우도 종종 있다. 가족이나 동행에 신경 쓰느라 정작 자신은 돌아볼 시간이 없고, 여행 스케줄에 맞춰 여기저기 이동하다 보면 몸도 마음도 지치게 마련이다. 휴가가 끝나갈 때쯤이면 어서 집에 가 편히 쉬고 싶다는 마음이 간절해지기도 한다. 모처럼 재충전의 시간을 갖기 위해 떠난 휴가건만 오히려 몸과 마음이 더 피곤해져 휴가 후유증까지 시달리게 되는 경우다.

사정이 허락된다면 혼자서 독서휴가를 가져보면 어떨까 제안해본다. 물론 가족과 함께여도 좋다. 익숙한 곳으로부터 떠나 낯선 곳의 분위기를 느껴보는 것도 좋겠지만, 어느 한 곳에 머물며 책을 읽는 것도 심신을 쉬게 하는 나름의 의미가 있을 것이다. 공기 좋은 시골집 툇마루나 느티나무 아래서 유유자적 책을 읽는 재미, 숲이 좋은 휴양림에서 혹은 시원한 바다가 내려다보이는 피서지에서 책장을 넘기는 재미는 그대로 또 다른 특별한 휴가가 될 것이다. 그도 저도 아니면 집인들 어떤가. 장소가 어느 곳이든 책만 읽으며 시간을 보내면 그게 바로 독서휴가가 아니겠는가.

놀라운 독서토론의 재미

 매주 토요일 새벽 6시 40분이 되면 리더스클럽 회
원들이 독서토론을 위해 모인다.

2015년 7월 11일 토요일 이날 토론 도서는 러시아의 문호 알렉산드르
솔제니친의 《이반 데니소비치, 수용소의 하루》다. 러시아 수용소에 수감
된 사람들에게서 하루 동안 일어난 일을 힘없고 가련한 이반 데니소비치
라는 주인공을 내세워 묘사한 소설이다.

매주 40, 50여 명이 참여하는 리더스클럽의 독서토론은 6개 조로 나
뉜다. 토론이 시작되면 먼저 한 주 동안의 굿 뉴스 나누기로 서로 인사하
며 본격적인 독서토론을 위한 워밍업을 한다. 그리고 책 소개와 함께 진
행자가 준비한 논제로 토론을 시작한다. 토론은 전체 진행자가 리드하

고, 논제별로 조별 토론을 한 후 토론 내용을 발표 공유한다.

토론은 진행자마다 혹은 책의 특징에 따라 약간씩 다르게 진행된다. 오늘은 책에 대한 회원들의 소감을 들어보면서 시작되었다.

김성진 님의 소감이다.

"책을 읽고 갑자기 난센스 퀴즈가 생각났습니다. 애인이 열 명 있는 사람을 '열심히 살아야 하는 사람'이라고 합니다.

저는 조그만 가게를 운영하는 사람으로서 경영이나 마케팅, 자기계발 도서를 읽어왔습니다. 그런데 이 책은 노벨문학상 수상 작가가 쓴 소설이어서 읽을 만한 가치가 있는 책이라 생각하고 끝까지 읽었습니다. 소설의 내용은 수용소의 하루 동안 생활로 악몽 같은 생활인데 마지막 대목에서 주인공 슈호프가 '오늘 행복했다'고 하는 말에 저 자신을 돌아보게 되었습니다. 슈호프가 행복했다고 한 일은 점심에 남을 속여 죽 한 그릇을 더 먹었고, 줄칼을 감시관에게 걸리지 않게 가지고 들어왔으며, 담배도 살 수 있었고, 체자리 대신 순번을 맡아주어 돈을 번 일입니다. 거기에 비하면 지금의 제 생활은 비교가 안 되게 좋은 생활인데도 힘들다고 느끼는 경우가 있습니다. 슈호프를 보면서 열심히 살아야겠다는 생각을 하게 되었습니다."

두 번째 이준구 님의 소감이다.

"고등학교 때 국어 선생님의 추천으로 이 책을 읽었습니다. 너무 어렵고 재미도 없어서 '이런 것도 책인가?' 생각했습니다. 그런데 다시 이 책을 읽으면서는 전율이 느껴졌습니다. 소련 스탈린 체제 아래 수용소의 하루를 기록한 책인데, 구성이 아주 탄탄하고 군더더기가 없습니다. 우리가 군대를 다녀와서 군대의 하루가 얼마나 단순한지 잘 압니다. 군대나 교도소나 일상이 단순하기는 마찬가지입니다. 그런데 교도소의 하루 일상을 이만한 분량으로 쓴다는 것은 작가 솔제니친 자신의 감옥 생활과 사색이 담겨있기 때문이라고 생각합니다.

이 책에는 다양한 인물 군이 있어서 다양한 삶에 대해서도 생각해볼 수 있습니다. 우리의 일상도 주인공 이반 데니소비치의 하루와 다를 바가 없다고 생각합니다.

당시 소련 교도소에서 이런 글을 쓸 수 있게 했다는 사실이 남다르게 생각됩니다. 실제 북한 사회의 정치범 수용소가 비슷하지 않겠습니까? 당시 수용소의 생활이 우리 현실과 대비해서 시대적 상황만 다르다고 생각합니다. 밥을 굶어보면 압니다. 수용소에서는 한 그릇의 밥을 얻기 위해 지성도 필요 없습니다. 그러나 솔제니친은 지성을 잃지 않고 담담하게 하루의 일과를 기술하고 있습니다. 그의 깊은 철학적 사유가 내재되어 있는 작품이라고 생각합니다."

마지막으로 이평오 님의 소감이다.

"1974년 대학에 떨어지고 재수를 하던 시절에 친구들과 어울리다가 통행금지에 걸리게 되었습니다. 당시는 통행금지가 있어서 밤 12시가 넘어 방범대원에게 잡히면 유치장에서 하루를 보내야 했습니다. 조서라는 것을 쓰고 보니 많은 사람이 유치장에 있더군요. 다음 날 아침에 일어나 보니 전날 밤에 봤던 사람들이 반 정도밖에 남아 있지 않았습니다. 알고 보니 경찰서 쪽으로 힘을 쓸 수 있는 사람들은 전날 밤에 다 석방되었더군요. 권력의 힘을 실감했습니다.

훗날 저는 경찰이 되었습니다. 남원경찰서에서 근무했는데 유치장에 갇힌 사람들은 재판을 받아 교도소로 이송되기 전까지 유치장에서 지내야 합니다. 그런 와중에 사람들은 경찰의 눈을 속이고 술까지 만들어 먹는데요. 면회자들이 가져다준 오렌지를 모포에 싸서 깔고 앉으면 따뜻한 온도에 오렌지가 발효되어 술로 변합니다. 해보려는 사람에게는 당할 수가 없습니다. 옛날에 유치장에서 하루를 보낸 경험과 경찰에 몸담고 있으면서 유치장 수감자들의 모습을 통해서 자유의 소중함을 몸소 체험하게 되었습니다."

3명의 회원이 책 읽은 소감을 공유했다. 같은 책을 읽었지만 이처럼 생각이 각기 다르다. 진행자는 토론을 이어갈 다음 논제를 내놓았다.

"책에는 수형자들의 다양한 삶이 있다. 나라면 어떤 방식으로 수용소 생활을 할 것인가?"

회원들은 자신의 생활방식과 성격을 비교하면서 자신만의 가상 수용소 생활을 재미있게 이야기했다. 특히 내가 속한 조의 조석중 님은 교도소에서 독서 관련 강의를 한 경험을 통해 교도소 수감자들의 실제 생활 모습을 생생하게 들려주었다. "실제 교도소에서는 많은 수감자들이 자기계발을 하고 있으며 신문과 책을 자유롭게 읽을 수 있다. 연간 100시간의 교육을 받고 각종 취미생활을 열심히 한다. 그곳에도 힘과 돈의 논리가 적용된다. 일반 사회 못지않게 다 갖추어졌지만 단 한 가지 자기가 생각하는 것을 실현하거나 행동할 수 있는 자유가 없다"고 했다. 회원들은 잘 알 수 없었던 교도소 내 생활을 들으면서 놀라움을 금치 못했다.

토론 중간에 회원 중 한 명이 대표로 토론 도서에 대한 서평을 하기도 한다. 간혹 책을 읽지 않고 참석해도 서평을 듣거나 다른 사람의 생각을 듣는 것만으로도 책의 에센스를 얻을 수 있다.

독서토론은 정답을 끌어내는 것이 아니다. 사람마다 한 권의 책에서 느끼고 받아들이는 것이 다르기 때문에 서로의 의견을 나누는 것이다. 독서토론에서 회원들은 자기 생각도 말하지만 발표자들의 이야기에 빠져 웃기도 하고 진지해지기도 한다. 자신은 미처 생각하지 못한 것들에 대한 풍성한 이야기를 들으면서 감탄하기도 하고 다음 책을 읽을 때 자신의 독서 방향을 잡아보기도 한다. 그러면 두 시간이 훌쩍 지나간다. 독서토론이 아니면 들을 수 없고 느낄 수 없는 즐거움이자 묘미다. 바로 놀라운 독서토론의 재미다.

종이책과 전자책 사이에서

Book 나는 휴대 전화로 가끔 전자책을 읽는다. 스마트폰에 전자책 애플리케이션을 다운받아서 시간과 장소에 구애받지 않고 읽는다. 잠깐의 틈새 시간을 활용해서 읽기에도 전자책이 편리하다. 더 좋은 것은 걸으면서 혹은 산에 오르면서 전자책의 읽어주기 기능을 이용하여 들을 수 있다는 것이다. 듣기 전용 책으로 오디오북이 있지만 전자책의 콘텐츠가 훨씬 다양해서 선택의 폭이 넓다.

어떤 이는 전자책을 두 가지 이유로 읽는다고 한다. 첫 번째 이유는 자신이 있는 그 자리에서 즉시 책을 사서 바로 읽을 수 있기 때문이다. 인터넷 서점에 주문한 후 도착하기까지 이틀을 기다릴 마음의 여유가 없었고, 서점에 가려면 한 시간 이상을 소비해야 한다. 그에게는 아이패드와 스마트폰이 있었고 전자책 서점은 그가 서 있는 그 장소를 도서관으로 만들어 주었다.

두 번째 이유는 공간의 문제다. 이사를 가야 하는데 백여 권의 책이
있었다. 집이 넉넉히 큰 것도 아니라서 옮기려면 돈도 들고 정리하는 데
도움이 안 되어 책을 중고서점에 팔아버렸다. 책을 산 돈이 아깝다기보
다 한 번 더 읽어볼 기회가 사라지는 것이 안타까웠다. 좋은 책도 있었고
남기고 싶은 문장도 있었지만 결국 종이책은 자기 곁을 떠나더란다. 그
래서 그는 큰 집을 구하기 전까지는 전자책을 통해 미니멀리즘을 지향하
기로 했다고 한다.

전자책을 선호하는 사람들은 구매와 동시에 읽을 수 있다는 점과 책
이 물건으로써 물리적 공간을 차지하지 않는다는 점을 든다. 하지만 전
자책의 최대 장점은 휴대성이다. 가벼운 전자책 디바이스 하나에 수천
권의 책을 넣을 수 있기 때문이다. 내 손에 수천 권의 책을 들고 다닌다
고 생각하면 된다. 쉬운 예로 여행을 가는데 짐 가방에 넣어가야 할 책을
넣었다 뺐다 할 때가 있다. 가지고 가자니 짐이 되고 놓고 가자니 아쉬울
것 같다. 이럴 때 전자책이 답이다.

이외에도 합리적인 가격을 들 수 있다. 보통 종이책보다 30퍼센트 저
렴한 가격에 구매할 수 있다. 그래도 좀 비싸다고 생각하면 출판사의 이
벤트 등을 활용하면 된다. 솔직히 스타벅스 같은 유명 브랜드 커피 한 잔
가격이면 전자책 한 권을 구매할 수 있다. 커피 열 잔이면 저렴한 전용
단말기도 한 대 살 수 있다.

전자책은 이런 편리함 때문에 찾는 사람이 늘어나면서 출판시장에서 지속적인 성장을 하고 있다. 우리나라 전자책 시장은 한국출판문화산업 진흥원이 발표한 '2016 출판산업 실태조사' 결과에 의하면 2015년 기준 출판 산업의 총매출액은 전년 대비 3.8퍼센트 감소했지만 전자책 유통사 매출은 25.4퍼센트 증가했다고 한다. 더욱이 지금의 아이들은 어려서부터 전자기기로 그림책을 보고 교과서 대신 전자칠판으로 공부를 하는 디지털 세대들이다. 이 아이들이 성장할 때쯤이면 종이책보다는 전자책에 더 익숙해 있을 것이다. 2012년 미국의 퓨리서치 조사에 의하면 16세 이상 미국인의 30퍼센트가 전자책을 읽었다고 한다. 또한 영국 런던에 있는 매출액 기준 세계 1위의 다국적 회계 감사 기업인 프라이스워터하우스쿠퍼스는 2018년이면 미국의 전자책 시장은 종이책 시장을 앞설 것이라는 예측을 내놓았다(2014~2018 주요 국가별 세계 전자책 시장 전망).

이런 시대의 흐름에도 불구하고 한편에서는 전자책에 대해 조심스러운 전망을 하고 있다. 시장점유율이 3~5퍼센트에 불과한 우리나라의 전자책 시장은 2018년이 되어도 미국처럼 종이책을 앞서지는 못할 것이라는 예측이다. 아마 전자책의 장점 이면에 있는 불편함을 극복하지 못하고 있는 것이 가장 큰 이유가 아닌가 생각된다.

종이책에 익숙한 사람들에게 전자책의 가장 큰 불편은 눈이 쉬이 피로해져서 오랜 시간 읽을 수 없다는 점이다. 아직 대학 전공도서가 전자책으로 보급되지 않고 있으며 현재 유통되고 있는 전자책 대부분이 소설,

자기계발 등 가볍게 읽을 수 있는 교양서인 것을 보면 짐작할 수 있다.

또 전자책은 실물이 없기 때문에 책을 얼마나 읽었는지 얼마나 남았는지 감을 잡을 수 없다는 점도 큰 불편 중의 하나다. 전자책을 다 읽고 난 후 기기의 화면을 닫으면 글자 자체가 눈앞에서 사라지기 때문에 책의 여운이 남지 않는 것도 전자책을 부정적으로 생각하는 이유가 될 것이다.

전자책은 앞서 말한 대로 종이책이 가지지 못하는 특성과 장점이 있기 때문에 상황에 따라 종이책과 전자책을 잘 선택해서 읽으면 된다. 우리는 오히려 종이책과 전자책 사이에서 독서 선택권을 가지게 되었다. 원하는 대로 혹은 목적에 따라 둘 중에서 선택하면 될 것이다.

몇 년 후면 동전이 없어지고 머지않아 종이 화폐가 사라진다고 한다.

따라서 종이책도 어느 순간 자취를 감추게 되리라는 가능성도 충분히 예측해볼 수 있다. 그러나 종이책의 종말은 오지 않을 것이다. 인류가 사라지지 않는 한 전자책과 종이책은 상호보완하면서 함께 존재해야 할 관계라고 보기 때문이다. 물론 나의 생각이다. 김홍열(성공회대) 교수도 한 기고에서 전자책과 종이책 둘은 각자의 특성을 살린 서로 다른 매체가 되어 자연스럽게 공존할 수 있을 것으로 내다봤다.

마이크로소프트의 창업자 빌 게이츠도 다독을 할 때는 컴퓨터 스크린보다 인쇄된 종이가 더 낫다고 한다. 그는 "비싼 스크린들을 가지고 있고, 스스로 웹라이프 스타일의 개척자라고 믿고 있지만, 읽을거리가 네다섯 쪽을 넘어가면 인쇄해서 가지고 다니며 읽고 주석도 달고 있다"고 말했다.

종이책을 읽을 것인가 전자책을 읽을 것인가? 선택은 독자의 몫이다.

종이책이 좋다

$\mathcal{B}ook$ 도서관 책이 모두 내 책이나 다름없다고 생각한 적이 있었다. 종일 도서관에서 일하니 책을 굳이 살 필요가 없고, 읽고 싶은 책을 대출하면 되었다. 누구든 도서관에서 책을 빌리면 규정이 허락하는 기간에 내 책처럼 읽을 수 있기 때문이다.

문제는 책을 반납하고 난 뒤에 종종 일어났다. 반납한 책을 다시 봐야 할 일이 생길 때다. 본디 책을 읽고 한 달만 지나도 기억의 90퍼센트가 날아간다고 한다. 책의 내용 중에 어떤 문장을 확인하고 싶은데 가물가물 할 때가 있다. 심지어 제목과 저자도 정확히 기억나지 않는다. 그럴 때 인간으로서 기억의 한계를 절감하면서 검색에 의지해 간신히 책의 존재를 확인하지만 이미 다른 사람의 손에 넘어가 있다. 누군가가 대출해 간 것이다. 도리 없이 그 책이 반납될 때까지 기다려야 한다. 도서관의 책은 한 사람만을 위해서 존재하지 않기 때문이다.

대출 도서에 대한 불편함을 겪어보니 내 책에 대한 애착이 생겼다. 본격적인 책 읽기를 하면서 책을 사기 시작했다. 책에 읽은 날짜를 기록하고 열심히 줄을 치고 때론 여백에 메모하며 나만의 흔적을 남겨놓으니 책마다 정이 든다. 그렇게 손때를 묻히고 다시 보고 싶을 때 아무 때고 책장에서 꺼내 볼 수 있는 책이라야 온전히 내 책이라는 생각이 들었다.

가령 이미 읽은 책에서 어떤 문장을 찾아야 할 때가 있다고 치자. 종이책의 경우, 책장에서 한눈에 포착된 책을 꺼내 펼치기만 하면 된다. 읽은 기억이 있기 때문에 책장 어디에 있든 책을 찾는 건 쉬운 일이다. 책에서 찾고 싶은 문장도 분명히 페이지 귀를 접어놓았거나 형광펜으로 줄을 쳐 놓았을 테니 쉽게 찾을 수 있다.

그래서일까. 아직도 많은 사람이 종이책을 선호한다. 문화체육관광부의 '전자책 독서실태 조사'에 의하면 우리나라 국민들의 50.6퍼센트가 5년 후 자신의 독서방식 변화에 대해 여전히 '종이책 위주일 것'이라고 예상하는 것으로 나타났다. 《독서는 절대 나를 배신하지 않는다》의 사이토 다카시도 "책이라는 물건 자체에 애정을 가지게 되는 것만큼 좋은 독서 습관은 없다"고 말했다. 물건으로서의 책이라 하면 당연히 종이책이다.

내가 종이책을 좋아하는 이유는 우선 종이책을 읽다 보면 다양한 맛을 느낄 수 있어서다. 손끝으로 종이의 질감을 직접 만지고 느끼는 맛, 도톰하거나 얇거나 매끄럽거나 그 종이를 한 장 한 장 침 발라가며 넘기는 맛, 손에 잡히는 다양한 크기와 두께를 가늠하는 맛이다. 책의 여백 혹은 포스트잇에 순간의 생각을 메모했다가 나중에 다시 읽어보는 맛도 빼놓을 수 없다. 얼마 전 책장 앞에 서서 《더 시너지》라는 책을 꺼내 들고 죽 넘기다 보니 포스트잇에 써둔 메모가 눈에 띄었다.

"그래. 이 말을 믿어보자. 나는 이제 책 읽기를 막 시작했고 보이지 않는 그 무엇을 갈망한다. 콩나물을 보고 그 사람을 생각하며 일단은 읽자!"

당시의 내 독서를 향한 결연한 느낌이 고스란히 전해졌다. "콩나물에 물을 주면 물이 다 빠져도 콩나물이 자라듯이 책을 읽으면 읽는 대로 모든 것이 빠져버리고 사라지는 것처럼 보일지 모르지만 조금씩 몸속에 체화되는 것"이라는 문장의 여백에 붙어있던 것이다. 책을 읽어도 눈에 띄는 변화를 자각하지 못하던 내 자신에게 위안이 되는 문장이라 생각해서 포스트잇에 몇 자 적어 놓았나 보다.

내가 종이책을 좋아하는 이유는 또 있다. 종이책이 주는 나만의 느낌이 있어서다. 책장에 나란히 꽂혀 있는 책 중에 어떤 책과 무심코 눈 맞춤할 때의 설렘이다. 누군가에게 받은 책은 선물해준 그 사람이 생각나고, 여행지에서 산 책은 그곳이 다시 그리워진다. 대부분 서점에서 산 책이지만 이처럼 특별한 추억을 가진 물건으로서의 책, 읽을 당시의 감정이 오롯이 담겨있는 책은 바라보고만 있어도 흐뭇해진다. 마치 마술사가

카드 뭉치를 주르르 펼쳤다 접는 묘기를 하듯이 그 책을 빼내 표지부터 맨 뒷장까지 한 번에 차르르 넘겨보는 재미도 종이책이기에 가능하다.

그뿐인가. 책장의 빈칸에 새로 산 책을 한 권 두 권 채워 넣을 때 바라보는 느낌은 마치 통장에 잔액이 늘어나는 것을 보는 것처럼 기쁘다. 비어 있는 마음의 창고가 채워지는 것 같다. 때로는 이유도 없이 쓸쓸할 때 책장 앞에서 서성이기만 해도 기분이 나아지는 것을 느낀다. 그럴 때 책이 마치 오래된 친구같이 느껴진다.

존 윌리엄스의 소설 《스토너》에 보면 종이책 읽기의 깊고 섬세한 표현이 나온다.

그는 책을 펼쳤다. 그와 동시에 그 책은 그의 것이 아니게 되었다. 그는 손가락으로 책장을 펄럭펄럭 넘기며 짜릿함을 느꼈다. 마치 책장이 살아 있는 것 같았다. 짜릿한 느낌은 손가락을 타고 올라와 그의 살과 뼈를 훑었다.

손가락 끝에 종이의 감촉이 전해지며 책과 몸이 하나가 된다. 책에서 생명을 느낀다. 이쯤 되면 책을 눈으로만 읽는 것이 아니라 온몸으로 읽는다고 해야겠다. 종이책이기에 가능한 느낌이다. 그래서 종이책이 좋다.

읽다 보니 이런 일이

Book "만약 복권에 당첨된다면?"

친구와 재미로 묻곤 한다. 그렇게 되면 엄청난 당첨금으로 좋은 집과 근사한 자동차를 사고 주변의 어려운 사람에게도 나눠주겠노라고 잠시나마 즐거운 상상에 빠져본다. 하지만 이루어질 수 없는 공허한 말일 뿐이다. 복권을 사지도 않고 무슨 당첨을 바라겠는가. 그런데 여기 복권에 당첨된 것보다 더 큰 행운을 만난 한 소년의 이야기가 있다.

지금부터 약 90여 년 전에 영국에서 일어난 일이다. 한 시골 소년은 집이 몹시 가난해 더 공부를 할 수 없게 되자 도시에 있는 큰 교회의 도서관에서 일하기 위해 올라왔다. 소년은 대기실에서 기다리는 동안 많은 책을 둘러보다가 한쪽 구석에 두껍게 먼지가 쌓인 책을 발견했다. 볼품이 없는 그 책은 아무도 펼쳐보지 않은 듯했다. 소년은 먼지라도 털 생각으로 책을 꺼냈다가 차츰 그 내용에 빨려들게 되었다. 그 책은 페브리에의 《동물학》이었다. 소년은 서서 그 책을 열심히 읽었다. 소년이 마침내 마지막 장까지 읽었을 때 뒷장에 이런 메모가 남겨져 있었다.

"이 책을 끝까지 읽어주셔서 고맙습니다. 이제 곧 런던법원으로 가서 1136호의 서류를 가지십시오."

어리둥절한 소년은 런던법원으로 달려가 서류를 받았다. 그런데 놀랍게도 그 서류에는 소년에게 400만 달러의 유산을 상속한다는 내용이 적혀 있었다.

"이것은 나의 유언장입니다. 당신은 나의 책을 처음으로 읽어주신 분입니다. 나는 평생을 바쳐 동물학을 연구하고 책을 썼지만 아무도 관심을 가져주지 않았습니다. 그래서 한 권의 책만 런던에서 가장 오래된 교회 도서관에 기증하고 나머지 책은 모두 불살랐습니다. 당신이 그 교회의 내 유일한 저서를 읽어주셨으니 내 전 재산을 드리겠습니다(F. E. 페브리에)."

소년은 페브리에의 뜻을 기려 영국 전역에 도서관을 세웠다고 한다. 그리고 좋은 책을 보급하는 데 힘썼으며 가난한 사람들을 도우며 평생을 보냈다는 이야기다. 한 권의 책과 만남이 소년에게 놀라운 행운과 변화를 가져온 것이다.

　살다 보면 어떤 일이 계기가 되어 행운이 오기도 한다. 우연하게 어려운 사람을 도와주었더니 그가 엄청난 부자여서 상속을 받았다는 이야기는 드라마 소재로 이용되기도 한다. 소년의 이야기는 사실인지 아닌지 알 수 없다. 그런데도 이 이야기는 책을 읽지 않는 사람들에게 책 읽기를 권할 때 인용되곤 한다. 책을 읽으면 이처럼 뜻밖의 행운이 올 수도 있다는 기대심리일 것이다.

　소년과 같은 행운이 우리에게 올 확률은 제로에 가깝다. 어쩌면 우리의 인생에서 단 1퍼센트의 가능성도 없는 행운을 바라기보다는 일상의 소소한 즐거움을 찾는 것이 오히려 생활의 지혜가 될 것이다. 복권에 당첨되어 한 번에 행운을 얻는 것보다 작은 즐거움을 매번 느끼는 것이 더 행복한 인생이다. 작은 즐거움은 생활의 발견처럼 책에서도 찾을 수 있다. 어떤 것들이 있을까?

　첫째, 마음에 드는 책 한 권을 읽는 재미는 영화나 드라마 한 편을 보는 것과 다르지 않다. 만약 독서모임을 통해 책을 읽는다면 혼자 읽을 때와는 또 다른 즐거움이 있다. 우선 다양한 사람들과 함께 읽는다는 동질감이다. 한 권의 책을 20대에서 50, 60대까지 같이 읽고 생각을 나누다 보면 친구 이상의 끈끈함이 생긴다. 책을 좋아하는 사람들끼리 나누는 교제는 남녀노소를 구분하지 않기 때문이다.

　둘째, 인간관계가 자유롭고 편하다. 책을 읽으면서 만나는 사람들과의 관계는 직장 조직처럼 수직관계가 아닌 수평관계에서 오는 자유로움과 편안함이 있다. 직장동료는 평소 친밀한 사이라도 언제든 불편한 경쟁관계로 돌아설 가능성이 있다. 그러나 책을 읽으면서 만나는 사람들은 경쟁의 대상이 아니다. 책을 더 읽었는지 덜 읽었는지 비교되지 않는다. 다만 어떤 경우 스스로 책을 더 읽어야겠다고 생각할 뿐이다.

셋째, 책과 관련된 다양한 정보를 공유한다. 유명 저자의 특강 정보를 알려주기도 하고, 독서세미나 혹은 독서감상문 대회 등 각종 행사를 공유하고 참여를 유도한다. 나는 몇 년 전 독서클럽에서 나온 정보로 특별한 경험을 한 적이 있다. 후불제 여행사 (주)투어컴에서 주최한 제2회 '전국 독후감대회'에 당선된 일이다. 부상으로 해외여행도 다녀왔다. 글을 써서 상을 타보기는 초등학교 시절 백일장대회 이후 처음 있는 일이었다. 게다가 해외여행이라는 부상까지 주어졌다. 책 읽기에 막 눈을 떠서 걸음마를 하고 있을 때의 일이라 그 기쁨은 더욱 컸다.

넷째, 책을 읽는 사람들끼리 서로 응원하고 칭찬해주는 문화다. 이는 경쟁 사회에서 느낄 수 없는 일상의 소소한 즐거움이다. 칭찬은 고래도 춤추게 한다고 했다. 큰일이든 작은 일이든 어떤 성취가 있을 때 책을 함께 읽는 회원들끼리 단체모임방을 통해 무한 칭찬을 해준다. 사심 없이 보내는 응원의 메시지가 움츠러진 어깨를 펴게 하고 사람 사는 따뜻함을 느끼게 한다. 칭찬도 습관이다. 자주 그런 분위기에 접해봐야 나도 누군가를 칭찬할 수 있다.

소년에게 행운을 가져다준 것은 복권이 아니라 책이었다. 소년이 그

때 그 교회 도서관에서 책을 읽지 않고 다른 물건에 눈길을 돌렸다면 그에게 행운의 여신이 손짓했을까? 어떤 자리에서 20대에서 60대까지 세대를 아우르며 격의 없이 자기 생각을 나눌 수 있을까? 어떤 조직에서 경쟁이 없을 수 있을까? 무엇으로 무한 칭찬을 받으며 사는 맛을 느껴볼 수 있을까? 책을 읽다 보니 이런 일이 생긴다. 나와 무관한 사람들만의 일이 아니다.

나는 재산도 명예도 다 가졌으나,
생애 중 가장 행복했던 순간은 독서를 통하여 얻었다.

몽테스키외

5장

나에게
책은

책이 있어 행복했다

사무실 통유리를 통해 창밖을 보자마자 나도 모르게 탄성이 나왔다. 도서관 앞 광장을 오가는 많은 학생들이 시야에 들어왔기 때문이다. 이전 도서관에서는 보지 못했던 모습이다. 아침 햇살을 받은 학생들의 얼굴에는 생기가 넘쳤다. 자리에서 벌떡 일어나 자료실로 나가보았다. 학생들은 도서관 문이 열리기를 기다리고 있었던 듯 벌써 자료실을 채우고 있었다. 도서관은 그래야 했다. 이용자로 붐비는 도서관, 바로 꿈에 그리던 모습이었다. 사서로서 가슴 벅차오르는 회열을 처음으로 느끼던 그 날은 2011년 3월 7일 신축 도서관 '스타센터'를 오픈한 첫날이었다. 1983년 8월 16일 전주대학교 도서관에 임용된 이후 가장 뜻깊은 순간이었다.

이후 도서관을 나오기까지 서른한 번의 해를 넘기는 동안 크고 작은 일들이 있었다. 흔히 하는 말로 10년이면 강산이 바뀐다고 한다. 그 10년 이 세 바퀴 굴렀다. 가장 큰 일은 도서관 이사를 두 번 한 일이었다. 도서 관에 임용된 그해 겨울에 첫 번째 이사를 했다. 이사한 도서관은 당시 동 양 최대라는 타이틀을 내걸고 건축되었다. 나는 그리스 신전을 연상케 하는 웅장한 돌기둥들이 상징처럼 서 있는 그곳에서 일할 생각에 가슴이 부풀었었다.

이사하는 과정에서 지금도 잊히지 않는 일이 있다. 직원들은 새 도서 관 서고에 부려놓은 책을 서가에 배열하고 있었다. 그런데 서로의 얼굴 에서 눈썹에 맺힌 얼음방울을 본 것이다. 때는 한겨울이었고 지하 2층에 위치한 서고는 난방이 안 되었다. 얼굴로 파고드는 냉기를 견디기 위해 쓴 마스크 틈새로 입김이 올라가 눈썹에서 그대로 얼음이 된 것이었다.

혹독한 냉기를 견디며 이사를 마친 서고는 다음 해 봄이 될 무렵 물벼 락을 맞았다. 서고 천장을 지나가는 배관이 얼었다 녹으면서 터진 것이 다. 책으로 물이 쏟아졌고 황망한 직원들은 젖은 책들을 한 권 한 권 사 무실 바닥에 늘어놓고 말렸다.

서고는 오랜 시간 책을 보존해야 하므로 온습도가 중요하다. 적절한 온도와 습도가 유지되지 않으면 종이로 된 책은 곰팡이가 피거나 해충 이 발생한다. 도서관의 가장 후미지고 접근이 어려운 공간에 서고가 위 치하더라도 온습도조절장치를 설치해서 책을 관리해야 한다. 결국 다른 공간을 마련해서 서고를 옮겼고 그 일은 아득한 옛이야기가 되었다.

그 후 또 한 번 이사를 했다. 그동안 늘어난 장서를 도서관이 더 수용할 수 없게 되어 새 도서관을 지었기 때문이다. 도서관에서는 매년 신간 도서를 구입하기 때문에 장서가 계속 늘어난다. 따라서 한정된 공간은 시간이 지나면서 책으로 가득 차게 마련이다. 향후 몇십 년을 염두에 두고 도서관을 설계해야 하는 이유이기도 하다. 대학에서도 도서관의 공간문제를 해결하면서 대학을 상징하는 건물이 필요했던 터였다.

도서관이 신축되는 동안 나는 실무책임자로서 매주 건축 회의에 참석하여 도서관에 대한 의견을 제안하고 조율했다. 또한 도서관 완공 시점에 맞춰 장서 이전이 성공리에 마무리될 수 있도록 계획을 세우고 직원들과 힘을 합쳤다.

세월이 흐른 만큼 도서관 환경도 많이 바뀌었다. 첫 번째 이사에서는 장서 옮기는 일을 자체적으로 해결했다. 아르바이트 학생들과 직원들이 직접 책을 묶고 학교의 트럭을 동원해서 책을 날랐다. 두 번째 이사에서는 이사 전문업체에 맡겼다. 하지만 60만 장서를 쉽게 묶을 수 있도록 책을 자료별로 구분하고 옮겨갈 도서관의 서가마다 라벨 작업을 하는 일, 그리고 이사업체가 서가에 옮겨놓은 책을 상세 배열하는 일 등은 우리 직원들이 해야 했다. 이외에도 시스템이 제대로 작동하는지, 안내사인물이 잘 설치되었는지 그리고 건축물의 하자는 없는지 확인하고 점검해야 할 일들이 셀 수 없이 많았다.

도서관 완공과 함께 장서 이전까지 성공리에 마치고 나니 큰 일을 해냈다는 성취의 기쁨이 몰려왔다. 그래서 신축 도서관을 오픈한 첫날 기다렸다는 듯 도서관을 채운 학생들을 보면서 그렇게 전율을 느꼈나보다. 그날은 내가 사서로 보낸 세월 중에서 감히 최고의 순간이었다.

　80년대 초 지금은 대학 본관이 된 구 도서관 개관부터 시작하여 밀레니엄을 거쳐 30년 세월이 흘렀으니 전주대학교 도서관 역사는 나의 역사이기도 하다. 사서여서 보람 있고 행복했던 순간들을 일일이 다 기억하지 못할 정도다. 언뜻 기억나는 일 하나가 있다. 지금처럼 인터넷이 발달하지 않았을 때 일본에 있는 한 한국인 유학생이 우리 대학에 편지로 논문을 요청했다. 그때 나는 논문자료를 담당하고 있었기 때문에 당연히 그가 요청하는 자료를 복사해서 국제우편으로 보내주었다. 지금이야 국내는 물론 외국에서도 필요한 자료를 요청할 경우 원문 데이터베이스나 서비스 기관을 통해 자료를 내려받을 수 있지만 그때는 우편을 통해 자료를 주고받았다.

　얼마 후 그 유학생으로부터 자료를 잘 받아서 연구에 큰 도움이 되었다는 내용의 손글씨로 된 편지를 받았다. 일에서 찾는 보람이 이런 경우일 것이다. 행복은 주관적이라지만 자신이 하는 일에서 얼마나 만족하느냐가 하나의 기준이 되기도 한다. 사서도 모두가 자신의 직업에 만족하지는 않을 것이다. 하지만 나는 책이 좋았고 책이 있는 공간에서 항상 일할 수 있다는 생각에 선택한 사서의 길이었다.

　십 년을 보내는 것보다 한 달을 보내는 것이, 한 달을 보내는 것보다 하루를 보내는 것이 더 길게 느껴진다는 말이 있다. 내가 도서관에서 보낸 세월도 지내고 보니 언제 이렇게 많은 시간이 흘렀나 싶다. 아직도 그

하루하루가 마치 엊그제의 일처럼 생생하다.

　꼭 필요한 자료를 받아들고 기뻐하는 이용자를 마주할 때, 자료실에서 책을 읽고 있는 학생들을 볼 때, 내 손을 거친 책이 서가를 채울 때, 꽉 찬 서가 사이를 오가며 책 냄새에 취할 때 나는 사서로서 행복했다. 거기 항상 책이 있었다.

책을 보는 사서

"직업이 뭐예요?"

"사서입니다."

"책을 참 많이 읽겠네요."

"많이 보기는 합니다."

누군가 나의 직업을 물어볼 때 이루어지는 대화였다. 사서는 정말 책을 많이 읽는 직업일까? 사서는 업무 중에 책을 펼쳐놓고 있거나 옆에 잔뜩 쌓아두고 있다. 그런 모습을 보면 책을 읽는다고 생각할 수 있다.

사람들은 대개 책을 읽는다고도 하고 본다고도 한다. '읽는다'는 것은 책 내용을 체계적으로 읽어 거기에 담긴 뜻을 헤아려 아는 것이다. 책 내용에 담긴 뜻과 의미를 자기 것으로 만드는 행위다. 반면 '본다'는 것은 읽는 행위라고 할 수 있으나 책에 나열된 정보를 읽는 것이다. 즉, 책 제목, 저자, 출판사 등을 읽는 것이다. 주제 분류를 위해서 목차와 서문을 읽을 때도 있지만 그것으로 책을 읽는다고 할 수는 없다.

어떤 사람의 표정을 보고 그가 기쁜지 화가 났는지 알아낸다고 치자. 그 사람이 웃고 있거나 굳어 있거나 표정을 살피는 것은 책의 제목이나 저자를 보는 것과 같고, 그 사람의 '웃는 표정을 보니 기쁜 것 같다' 혹은 '굳어있는 표정을 보니 화가 난 것 같다'라고 생각하는 것은 책 내용을 읽는 것과 같다. 그러니 사서가 하는 일은 책을 본다고 해야 맞다. 이는 책을 읽는 것과 보는 것의 차이에 대한 내 생각이다.

사서라는 직업이 일반인들 사이에 널리 알려져 있지 않았을 때 사람들은 도서관 일이라면 책을 대출해주는 일만 떠올렸다. 그때는 도서관이 지금처럼 오픈된 자료실에서 자유롭게 책을 이용하는 것이 아니라 이용자가 신청하는 책을 서고에서 찾아다가 대출해주는 시스템이었다. 지금은 자료실에서 이용자가 자유롭게 원하는 책을 찾아 읽고, 직원은 업무 공간에서 책을 보거나 만지고 있다. 물론 업무를 수행하는 중이다. 이용자는 이 모습을 보고 책을 읽는 것으로 생각할 수 있다.

대학 내 타 부서 직원들에게서조차 도서관 직원들은 근무시간에 책이나 보고 앉아 있다는 오해를 받기도 했다. 도서관 업무가 마치 한가로운 직업의 표본이 되는 것 같아 사서로서 안타까웠다. 도서관 업무는 대출 업무만 있는 게 아니라 정리 업무도 있다고 하면 그 '정리'라는 것이 책을 반듯하게 혹은 일목요연하게 줄 맞춰 놓은 일쯤으로 생각하는 사람들이 있었다. 나는 그런 사람들에게 정리는 책을 주제별로 분류하고, 서가에서 잘 찾을 수 있도록 목록을 규칙에 맞춰 데이터베이스화하는 것이라고 열을 올리며 설명하곤 했다. 제대로 알아주기를 바라는 마음에서.

지금은 지역마다 크고 작은 도서관이 십수 년 전과는 비교도 안될 만큼 그 수가 늘어났다. 사서라는 직업도 대중에게 많이 알려져 있어서 책을 보며 일하는 모습만 보고 사서를 한가한 직업으로 오해하는 사람은 없을 것이다. 게다가 당당한 전문직이 아닌가.

마침 우리나라 각계 도서관의 사서 21명이 사서의 세계와 사서가 하는 일에 대해 입을 모았다. 《사서가 말하는 사서》다.

KBS 방송국 도서관에서 근무하는 박○○ 사서의 말을 들어보자. "더운 여름날에도 나는 아직 한 번도 걸상에 엉덩이를 붙이고 앉아 시원한 에어컨 바람을 쐬며 책을 읽은 적이 없다. 오히려 정숙한 도서관 분위기를 조성하기 위해 사서는 젖은 셔츠에 먼지가 날 정도로 뛰어다녀야 한다"고 말했다. 방송국이라는 특수한 환경의 도서관 분위기를 잘은 모르겠다. 다만 전주대학교 도서관에서도 여름이면 열람실마다 냉방 온도를 달리해놓은 적이 있다. 이용자마다 체감온도가 다른 관계로 같은 온도에서 어떤 사람은 춥다고 하는가 하면 어떤 사람은 덥다고 민원을 제기해서 아예 세 개의 열람실 온도를 1도씩 다르게 해놓고 각자 자신에게 최적인 방을 이용하도록 했다. 이용자의 요구를 들어주고 이용자를 위해 쾌적한 환경을 조성해주는 것 또한 도서관에서 제공하는 중요한 서비스이기 때문이다.

포항시립도서관의 송○○ 사서는 정리업무를 담당하고 있다. 그녀는

"매달 2톤 트럭에 수천 권의 새 책이 정리실로 들어오면 하루 종일 DB에 데이터를 입력하느라 눈과 어깨가 뻑뻑해지기 일쑤였다"고 한다. 또한 "장서실의 서가를 재정리해야 할 때면 책이 귀하기는커녕 얄밉고 귀찮은 존재로 느껴지기도 했다"고 솔직한 심정을 토로했다.

도서관 정리업무는 보이지 않는 곳에서 이루어지는 서비스다. 자료실을 채우고 있는 책이 모두 정리 담당 사서의 손을 거친다. 따라서 정리 담당 사서는 새로 구입된 책을 한 권이라도 빨리 자료실로 내보내기 위해 일에 속도를 낸다. 그 과정에서 쉴 수 있는 여유가 없다 보니 눈이 아프고 어깨가 뻐근할 수밖에 없다.

사서의 입을 통해 사서는 업무 중에 책을 보고 있어도 그것이 읽는 것이 아님을 알게 되었을 것이다. 사서는 업무를 통해 지식과 정보를 이용자에게 제공하고 그들을 도와주는 일을 한다. 그냥 도와주는 것이 아니라 그들이 원하는 것 이상으로 만족을 주려고 노력한다. 사서를 사서 고생하는 사람이라고 부르는 이유도 바로 이런 점 때문이다.

몇 년 전 정읍에 있는 동학농민혁명기념재단에서 '반란의 역사를 넘어, 세계의 역사로'라는 기획전을 열면서 전주대학교 도서관에서 소장하고 있는 《초정집草亭集》이라는 고서古書를 전시하고 싶다는 요청을 해왔다. 동학혁명 정신을 알리는 취지로 꼭 필요한 자료라고 했다. 해당 자료는 전국의 몇 개 도서관만이 소장하고 있는 귀중한 자료로 관외반출이 안 되는 것이어서 고민했다. 하지만 자료는 이용될 때 자료로서의 가치를 더

하는 것이므로 재단에 자료를 전시할 수 있도록 특별대출을 해줬다.

어떤 자료를 꼭 필요한 사람에게 제공해주었을 때 느끼는 뿌듯함은 곧 타인에 대한 공헌감으로 작용한다. 사서가 아닌 어떤 직업이라도 다른 사람을 돕는 일은 많을 것이다. 비록 책을 보지만 책을 매개로 남을 도울 수 있다는 것은 분명 보람 있고 행복한 일이다.

리더스클럽과의 만남

Book 2014년 5월. 전주대학교 개교 50주년을 맞아 여러 행사가 기획되었다. 도서관에서도 '김용택 시인 북 콘서트'를 기획했다. 직원들은 북 콘서트에 특별히 지역 주민도 초대하자고 의견을 모았다. 나는 북 콘서트 홍보 방법을 고민하던 중에 지인으로부터 리더스클럽 유길문 회장을 소개받았다. 그분이라면 행사 홍보에 도움을 줄 것이라고 했다. 리더스클럽에 대한 호기심이 발동했다. 회장과 통화하기 전 사전 정보를 얻기 위해 인터넷으로 검색해보았으나 리더스클럽이 독서토론 모임이라는 것만 알아낼 수 있었다. 하는 수 없이 전화를 걸었다.

"여보세요? 유길문 회장님이시죠?"

"네. 제가 유길문입니다."

모르는 사람과의 통화로 약간 긴장이 되었는데 전화기 너머 들려오는 목소리에서 편안함이 느껴졌다. 간단히 내 소개를 하고 전화한 이유를 말했다. 흔쾌히 4월 넷째주 토요일 아침 8시쯤에 '효사랑 푸른꿈 작은 도서관'으로 오라고 했다(현재는 (주)투어컴 세미나실로 바뀜). 그리고 느닷없이 나에게 질문을 했다.

"도서관에 근무하려면 책을 많이 읽어야겠네요?"

"네. 그렇긴 하지만……."

우물쭈물하며 뒷말을 삼켜버렸다. 당연히 해야 할 일을 유기하고 있다는 생각에 정신이 퍼뜩 들었다. 그래야 하지만 아니었기 때문이다. 약속한 토요일 아침 일찍 일어나 행사 리플릿을 챙겨서 부지런히 리더스클럽에 도착했다. 아뿔사. 그날은 오라는 날보다 한 주 전이었다.

엉겁결에 새벽 독서토론 시간을 함께하게 되었다. 리더스클럽은 매주 토요일 새벽 6시 40분에 책 한 권을 읽고 독서토론을 하는 모임이었다. 나는 처음으로 참석한 독서토론에서 현장의 에너지를 고스란히 받았고 그날로 리더스클럽 회원에 이름을 올렸다. 그렇게 리더스클럽과 인연을 맺게 되었다.

그곳은 내가 지금까지 경험해보지 못한 새로운 세상이었다. 책을 읽고 자신들의 생각과 의견을 거침없이 나누는 회원들을 보면서 나를 돌아보았다. 책이라면 누구보다 잘 안다고 자부했었다. 그런 내가 형편없이 작게 느껴졌다. 그동안 책을 본 것이었지 읽은 것이 아니었다. 스스로 부끄러웠고 책을 읽어야겠다는 강한 충동이 일어났다.

그때부터 주말 아침 달콤한 늦잠의 유혹을 뿌리치고 새벽같이 일어나 리더스클럽으로 향했다. 그곳에 가면 잠을 포기한 보람이 있었다. 회원들이 나누는 지적 대화를 듣기만 해도 덩달아 교양인이 되는 것 같았다. 독서토론 현장에서 뿜어져 나오는 에너지에 도취하여 책 읽는 행복이 느껴졌다. 그렇게 매주 토요일 새벽을 기다리면서 토론 도서를 읽었다. 책 읽기를 늦게 시작한 만큼 토론 도서 외에도 읽고 싶은 책과 읽어야 할 책이 너무 많았다. 나의 행복한 책 읽기가 시작된 것이다.

두 달 후 내 신변에 변화가 생겼다. 도서관에서 행정부서로 인사명령이 난 것이다. 대학에서 근무한 지 30년이 넘었지만 행정부서 일은 처음이었다. 사서로서 정체성 혼란이 왔다. 그렇다고 책 읽기를 멈출 수는 없었다. 오히려 책을 읽을 기회라고 생각했다. 책은 주로 새벽에 일어나 읽었다. 그 시간은 오직 나를 위해 존재하는 것처럼 집중이 잘 되었다. 오롯이 혼자 앉아 책을 읽다 보면 세상의 중심에 내가 있는 것 같았다.

당시 나는 정년이 5년쯤 남아있었고 사회복지사 자격증 취득을 위해 비전대학교에 적을 두고 있었다. 사회복지에 관심이 있어서라기보다 퇴직에 대한 대비책이었다. 퇴직 후 자격증과 관련된 일을 구할 수 있지 않을까 해서 막연하게 공부를 시작했고 한 학기만 더 하면 사회복지사 자격증을 취득할 수 있었다. 나는 그 마지막 4학기 등록을 과감하게 포기했다. 등록하게 되면 직장과 야간 수업으로 인해 책 읽을 시간을 낼 수 없다고 판단했기 때문이다.

대학에서 학과장이 찾아와 등록을 종용했다. 하지만 나는 책을 읽는 일이 자격증 취득보다 더 절실했다. 책 읽는 일을 단 6개월이라도 미루고 싶지 않았다. 6개월이면 읽어낼 수 있는 책이 몇 권이나 될지 머릿속 계산기를 돌려보니 하루가 아니 한 시간이 아까웠다. 주경야독으로 고생하면서 보낸 일년 반이라는 시간이 아깝기도 했지만 좋아하지 않는 일에 시간을 허비하느니 그 시간에 책을 한 권이라도 더 읽고 싶었다. 공부하더라도 책과 관련된 공부를 하고 싶었다.

그해 가을 책을 한 권 선물 받았다. 내게 책을 선물한 교수님이 대학원생을 중심으로 이끄는 공부 모임에서 펴낸 《천천히 읽기 그리고 생각하기》였다. 그 책을 읽는데 공감되는 부분이 많았다. 막 책 읽기에 빠져있던 시기여서 그랬는지 책 속의 문장들이 꼭꼭 씹어 삼켜야 할 음식처럼 눈에서 머물고 입에서 감돌았다. 책의 많은 부분에 밑줄을 긋고 책장의 귀를 접어놓았다. "처음엔 짧았다가 점점 길어지는 오후의 그림자처럼 아주 긴 모임이 될 것 같다"는 대표 저자인 교수님과 "좋은 글을 읽고 쓰는 즐거움에 함께 동참하셨으면 한다"는 한 회원의 후기를 읽고 용기를 냈다. 그길로 교수님에게 찾아가서 공부 모임에 참여해도 되겠냐고 물었다.

그렇게 공부 모임의 일원이 되었다. 모임에서는 고전 인문학을 공부했다. 교수님이 자료를 만들어 와서 읽고 난 후 강의로 진행하는 형태였다. 처음에는 읽기 자료에 나와 있는 논어의 구절들을 통해서 공자를 만났다. 맹자와 노자도 구절 속에서 잠깐씩 만났다. 때로는 소크라테스와 에리히 프롬과 니체를 만났다.

그때그때 준비한 자료를 읽고 강의를 듣는 형태였지만 강의내용과 관련된 책을 따로 사서 읽었다. 책을 읽고 공부를 하면서 내 안에서 일어나는 어떤 움직임을 감지했다. 그것은 그동안 나를 지배하고 있던 생각과 가치관의 변화였다. 책을 읽고 변화하고자 한다면 고전을 읽어야 한다는 말이 이해되기 시작했다.

어떤 사람의 인생에서 우연한 만남으로 인해 삶과 가치관이 바뀌는 경우가 종종 있다. 나에게 리더스클럽과의 만남이 그렇다. 책 읽는 즐거움과 독서의 가치를 알게 되었고 배움의 길을 스스로 찾아 나섰다. 그리고 내 삶의 가치는 독서가 중심이 되었다. 리더스클럽과의 만남은 내 인생의 전환점이 되었다.

눈 대신 귀로 읽다

이상 징후가 시작된 것은 2015년 가을 끝자락부터였다. 책을 읽으면 눈이 뻑뻑하고 아팠다. 그냥 아픈 게 아니라 눈 속에서 바람이 새어 나오는 것처럼 시리고 통증을 동반했다. 눈 속에 모래가 굴러다니는 것 같은 이물감으로 여간 불편한 게 아니었다. 비벼보기도 하고 깜빡여 보기도 했지만 더 아플 뿐이었다. 겨울이 되자 증상은 더 심해졌다. 아침에 일어나면 밤새 나온 이물질로 눈꺼풀이 붙어버렸다. 젖은 휴지로 이물질을 닦아낸 후 눈을 보면 사람의 눈이라고 보기 어려웠다. 우리 몸이 백이면 눈이 구십이라는데 절망감에 몸을 떨었다.

출근하면 더 힘들었다. 종일 컴퓨터 앞에서 일해야 하는데 내 눈은 컴퓨터 화면에서 나오는 빛조차 감당하기 어려웠다. 스마트폰이나 컴퓨터를 오래 사용하면 거기서 나오는 블루라이트가 눈의 정상 세포를 파괴한다는데 그 때문일까. 컴퓨터를 보지 않고는 업무를 할 수 없기에 빛 차단 안경을 맞추고 컴퓨터에 블루라이트 차단 프로그램을 설치하고 할 수 있는 방법은 다 동원해보았다.

병원에서는 마른눈증후군(안구건조증)이라고 했다. 컴퓨터를 많이 보아서 생기는 현대병이라며 가능한 컴퓨터를 멀리하고 책도 읽지 않는 것이 증상 회복에 좋다고 했다. 의사의 말은 개인의 특별한 상황을 고려하지 않고 하는 일반적인 조언일 뿐 도움이 되지 못했다. 직장의 업무는 컴퓨터 없이는 할 수 없고, 책은 물론 온종일 쏟아지는 공문을 비롯해 읽는 일을 멈출 수 없기 때문이다.

병원에서 주는 세 종류의 안약을 사용해도 눈은 호전될 기미가 보이지 않았다. 눈을 감으면 눈동자가 제멋대로 움직이는 느낌 때문에 잠을 이루지 못하는 날도 많아졌다. 눈만 마르는 게 아니었다. 입안의 침도 마르고 혀는 바짝 타들어 갔다. 자다가 일어나 물을 한 주전자씩 마셔야 하룻밤이 지나갔다. 이 지독한 현실에서 도망가고 싶을 뿐이었다.

나의 이성은 바닥으로 떨어졌다. 정상적인 생각으로 일상을 유지하기 힘들었고 우울감이 극에 달했다. '세상은 이미 내 편이 아니다. 지금의 이 생활 방식을 끝내야 하는가. 얼마 남지 않은 직장도 그만둬야 하는 것 아닌가. 모두 정리하고 건강을 위해 시골 오지에 가서 살면 좀 나아질까.' 온갖 고민을 하다 보니 내가 말기 암 환자라도 되는 것 같았다. 사람들은 나의 이런 상황을 이해하지 못했다. 일반적으로 안구건조증은 인공눈물을 처방받아 눈을 건조하지 않게 해주면 되는 것이라고 가볍게 생각했다. 하지만 같은 병이라도 사람에 따라 증상이 다르고 나의 눈 상태는 인공눈물로 해결될 상태가 아니었다.

우연히 인터넷을 검색하다가 안구건조증 카페가 있는 것을 알았다. 의외로 많은 사람이 나와 같은 증상으로 고통받고 있었다. 그 사람들은 어떤 방법으로 견디고 있는지 알고 싶어 회원가입을 했다. 그야말로 지푸라기라도 잡는 심정이었다. 카페에서는 의사가 말해주지 않는 많은 정보를 알 수 있었다. 처방받은 안약에 대한 정보와 신약에 대한 정보도 있었다. 물론 정확한 정보인지 판단은 필요하다. 찜질 같은 대중요법과 운동 등 생활습관으로 개선이 되었다는 사람도 있었다. 나도 혹시나 하는 마음에 생활습관에 대한 정보를 메모지에 적어 휴대 전화에 붙여놓고 수시로 읽으며 실천하려고 노력했다. 할 방법이 그것 외에는 없었다. 하지만 안구건조증은 한 번 발병하면 완치가 안 되기 때문에 평생 안고 살아야 한다고 이구동성으로 말하고 있었다. 나는 차라리 팔다리가 부러지는 것이 낫다고 생각했다. 시간이 지나면 나을 수 있다는 희망이라도 있으니까.

그러던 중 남편이 병원을 옮겨보자고 했다. 자신이 황반변성을 치료받았던 전북대학교 대학병원 담당 의사가 개업한 병원이라고 했다. 의사는 내가 매우 극심한 상태라고 하면서 몇 가지 검사를 하고 약을 처방해주었다. 이전 병원에서의 약과 다른 것이었다. 처방받은 약을 정성스럽게 쓰며 운동을 병행했다. 평일 저녁은 걷기를 하고 주말이면 등산을

205

했다. 실제로 산에 가면 눈이 편안해지는 것을 느낄 수 있었다. 숲속의 오염되지 않은 맑은 공기가 눈에도 좋은 영향을 미치는 것 같았다. 눈에 좋은 음식을 골라 먹고 주변 사람들이 가르쳐준 눈 운동과 온찜질을 매일 밤 거르지 않았다. 어느덧 겨울이 지나고 봄이 오면서 눈이 조금씩 나아지는 것을 느낄 수 있었다.

눈을 치료하면서 책을 마음대로 읽을 수 없는 것이 가장 큰 불편으로 다가왔다. 책을 읽지 않으니 갑자기 방학을 맞은 학생처럼 시간이 무시로 남았다. 걷기와 등산을 하긴 했으나 틈새 시간이 있기 마련이고 그런 시간에 아무것도 하지 않으면 스스로 어색했다. 책을 중심으로 돌아가던 나의 시간이 나사가 풀린 것처럼 힘없이 헛돌고 있었다.

하지만 궁하면 통한다고 했다. 읽지 못하니 들으면 되었다. 창고에서 오래된 CD플레이어를 꺼내 라디오와 음악 CD를 들었다. 들을 수 있는 것이 또 있었다. 전자도서관의 전자책 읽어주기 서비스였다. 스마트폰과 이어폰만 있으면 장소와 시간을 가리지 않고 책을 들을 수 있는 서비스다. 게다가 여성 목소리와 남성 목소리를 취향대로 골라 들을 수 있다.

휴대 전화에 전자도서관 앱을 설치하고 전자책을 대출받았다. 이어폰을 꽂고 걸으면서 듣고 산에 오르면서도 들었다. 책을 듣다 보면 어느새 목적지가 눈앞이었다. 침대에 누워서 책을 듣다가 잠이 들고 새벽에 잠이 깨면 역시 침대에 누운 채 책을 들었다. 눈을 감고도 들을 수 있으니 가능했다. 주로 인문 교양, 건강, 소설 분야의 책을 들었다. 무엇보다 읽기에 쉽게 도전하지 못했던 《안나 카레리나》 전 3권을 모두 들었다. 다

듣기까지 상당한 시간이 걸렸지만 책을 읽을 수 없었기에 얻은 소득이었다. 이가 없으면 잇몸으로 산다는 말이 이런 경우일 것이다.

책을 읽을 수 없어도 들을 수 있는 책이 있으니 이 또한 다행이 아닌가.

쓰면 되지

Book 눈에 이상이 생기면서 리더스클럽에 나가지 못했다. 책 읽을 연장이 고장 났으니 당연한 일이었다. 토요일 새벽마다 마음은 리더스클럽을 향하는데 몸은 집에 있어야 하니 꾀병으로 결석하는 것처럼 마음이 불편했다. 행복 공부 모임에도 참여할 수 없었다. 행복해지기 위해 하는 공부인데 몸이 감당하지 못하면 오히려 행복과 멀어질 수 있겠다는 생각이 들었다.

한편 나는 그해 4월부터 동화 글쓰기 모임에도 참여하고 있었다. 하지만 눈의 통증으로 독서클럽과 공부 모임을 멈춘 상태에서 이 모임도 참석이 쉽지 않았다. 간신히 버티다가 지도교수에게 나의 상황을 이야기하면서 아이처럼 눈물을 보이고 말았다. 책을 마음대로 읽을 수 없게 된 일이 왜 그렇게 슬펐는지. 세상이 끝나기라도 하는 것처럼 암울해진 마음에 울컥했던 것이다. 지도교수는 내 등을 다독이며 "읽을 수 없으면 쓰면 돼"라고 말했다. 순간 내 마음이 대답하는 소리를 들었다. '그래, 맞아. 쓰면 되지!'

하지만 글을 쓴다는 것은 끊임없이 자신의 한계와 싸워야 하는 외로운 작업이다. 특히 동화라는 장르에서 요구되는 창의성이 내게 있을까 의심이 들었다. 동화 소재를 찾아내는 것도 문제였다. 우리 아이들은 이미 다 커버렸고 그렇다고 다른 아이들과 접할 수 있는 직업도 아니다. 동화를 쓰려면 아이들을 가까이서 관찰할 수 있는 환경이 되어야 하지 않을까. 그래야 요즘 아이들이 무슨 생각을 하고 어떤 행동을 하는지 알 수 있으며 아이들이 공감할 수 있는 이야기를 쓸 수 있지 않을까 생각되었다.

지도교수는 그런 우려를 씻어주었다. "글은 손끝에서 나온다. 글쓰기의 왕도는 무조건 쓰는 것이다. 소재는 바로 '나'다. 글쓰기의 모든 소재는 내가 겪은 것, 본 것, 들은 것, 즉 내 안에 있는 것이다. 나의 어린 시절을 통해서 동화 소재를 찾을 수 있다"고 말했다. 그것이 동화 씨앗이라고 했다.

동화 쓰기는 단어로 시작했다. 단어와 친해지고 단어를 가지고 잘 놀줄 알아야 문장을 자유자재로 만들 수 있다고 했다. 창작 노트에 단어를 적었다. 그것을 단어와 함께 논다고 한다. 나는 단어와 놀기를 하면서 자꾸 잃어가는 어휘를 붙잡을 수 있지 않을까 내심 기대가 되었다. 얼굴에

주름은 늘어 가는데 머릿속 단어 수는 줄어들고 있었다. 익히 알던 사람의 이름이나 사물의 명칭이 순간 기억이 안 나 당황스러울 때가 간혹 있다. 나이 탓으로 돌리기에는 왠지 모를 불안이 싹트고 있던 터였다.

단어와 노는 것은 이렇다. 예를 들어 나의 '오늘'과 관련된 단어를 나열한다. 내가 쓴 단어를 연결하면 내가 하루를 어떻게 지냈는지 나의 하루를 돌아보게 되고 한 편의 글이 되었다. 또한 단어를 통해 특별한 표현을 찾아낸다. 가령 '미운 말', '따뜻한 말'과 관련된 단어를 찾아본다. 이는 평소에 쓰지 않던 표현을 생각해내는 것이며 말 그대로 단어 놀이다.

이처럼 단어 표현을 통해 기본적인 언어의 속성을 알고 나면 다음은 문장 연습이다. 문장을 마음대로 늘였다 줄였다 하면서 글 감각을 키워 나간다. 그리고 글감 찾기를 한다. 글감 즉 동화 씨앗은 자신의 어린 시절에서 찾는다. 경험한 것을 써야 살아 있는 글이 되기 때문이다. 특히 글쓰기 초보자에게는 자신의 경험을 써보는 것이 필수다. 경험에서 우러나오는 이야기는 오직 나만이 쓸 수 있는 창조적인 글이기 때문이다.

동화 쓰기를 하면서 동화에 대한 인식도 바뀌었다. 동화는 어린이만 읽는 것이 아니라는 것. 어른도 동화를 읽으면 아이를 더 잘 이해할 수 있고 아이처럼 순수해질 수 있다. 안도현 작가의 《연어》를 감동적으로 읽은 사람이 많을 것이다. 20만 부 이상 팔렸다는 이 작품이 사실은 어른을 위한 동화다.

소설을 쓰기 위해서는 소설을 많이 읽어야 하듯이 동화를 쓰기 위해서도 다른 사람이 쓴 동화를 읽어야 동화에 대해 안목이 생긴다. 나 역시 동화 쓰기를 배우면서 우리 아이들이 어렸을 때 읽었던 동화를 한 권씩 읽고 있다. 요즘 인기 있는 동화도 가끔 사서 읽는다. 동화에 대해 인식을 달리하니 새삼 동화의 매력에 빠져들곤 한다. 황선미 작가의 《마당을 나온 암탉》은 읽는 내내 등장하는 동물의 생태적 습성을 품격 있게 승화시킨 문장에 놀라고 감동적인 결말 앞에서는 눈물까지 날 정도였다. 최근에는 김태호 작가의 동화집 《네모 돼지》를 읽으면서 작가의 기발한 상상력에 감탄하기도 했다.

동화 쓰기 모임에서는 학기가 끝날 때마다 회원들의 작품을 모아 문집으로 엮었다. 첫 번째 문집 《시작종이 울렸네》(2015년 겨울)를 시작으로 여섯 번째 문집 《대단한 소심이》(2018년 여름)를 엮었다. 문집이 나올 때마다 글쓰기를 참 잘했다는 생각이 든다. 꼭 유명 작가가 아니라도 글을 남길 수 있는 것은 자신의 선택과 노력의 결과이기에 문집을 볼 때마다 은근 자부심이 든다.

지도교수는 우리에게 지도했던 글쓰기 노하우를 책으로도 펴냈다. 《놀다보니 작가네》다. 이 책에 실린 두 편의 동화 중 하나가 나의 첫 번째 습작이다. 이것은 나의 동화쓰기에 대한 자극제가 되기도 했다. 하지만 동화 역시 창작이기에 그 감내해야 할 고통의 깊이가 어디까지일지 이겨내야 할 마음의 장애가 얼마나 될지 모를 일이다. 그렇지만 글쓰기는 눈 건강 때문에 책 읽기를 중단하고 좌절감에 빠져 있던 상태에서 뭔가 할 수 있다는 스스로에 대한 자부심 같은 것을 느끼게 해주었다. 글쓰기를 통해서 나의 존재를 확인할 수 있었다.

책을 읽다 보면 글쓰기에 대한 욕심이 생긴다. 책 좀 읽는 사람들은 대부분 쓰기에 대한 열망을 가지고 있을 것이다. 읽어서 축적되는 지식이나 정보를 자기 생각과 가치에 버무려서 근사하게 재탄생시키고 싶은 마음 말이다. 인문학자 최진석 교수도 책을 읽고 배우기만 할 것이 아니라 쓰기를 통해서 지식을 생산해야 한다고 했다. 책 읽는 사람에게 글쓰기의 첫 번째 관문은 서평이다. 나 역시 책을 읽고 나서 서평을 잘 쓰고 싶었다. 리더스클럽 독서토론 시간에 서평을 몇 번 써보긴 했으나 쓸 때마다 여간 힘들고 어려운 게 아니었다. 그때마다 서평이나 글쓰기 관련 책을 읽어보곤 했다. 그런 와중에 동화 쓰기 모임에 함께 하자는 권유를 받았다. 동화는 내가 쓰고자 하는 실용 글쓰기와는 다른 차원의 문학적 글쓰기라서 주저했었다. 하지만 글쓰기의 기본 맥락은 같아서 동화 쓰기를 통해서도 글쓰기를 배울 수 있다고 생각해 참여하게 되었다.

쓰면서 알았다. 글은 무엇이든 쓰겠다는 마음으로 노트북 앞에 앉아 손가락을 움직일 때 써진다는 것을. 단 한 줄이라도 일단 쓰고 나면 이어서 두 줄이 되고, 한 문단이 되고, 한 편의 글이 완성되는 것을 경험했다. 써놓은 문장을 바라보고 있으면 신기하게도 생각이 확장되어 꼬리를 문다. 하지만 유명 작가들이 강조하는 것처럼 글을 잘 쓰려거든 먼저 책을 열심히 읽어야 한다는 전제를 염두에 두어야 한다.

만약 책이 없다면

여느 때처럼 여섯 시에 일어났다. 이제는 습관이 되어서 알람이 울리지 않아도 잠이 깬다. 거실 내 서재의 독서등 스위치를 켠 다음 주방으로 가서 아로니아 주스를 한 잔 만들어 마신다. 눈에 좋다고 해서 일 년 치를 사놓고 매일 먹고 있다.

그런 다음 책상에 앉아 책을 펼친다. 최근에 구입한 사노 요코의 《사는게 뭐라고》다. '시크한 독거 작가의 일상 철학'이라는 부제가 붙은 이 책은 시한부 암에 걸린 작가의 거침없는 하루하루의 기록이다. 그림책《백만 번 산 고양이》의 저자로 더 유명한 그녀는 안타깝게도 2010년 세상을 떠났다.

우선 제목이 눈길을 끌었다. 밀리언셀러 작가의 하루는 어떻게 다를까. 사람이 나이 들어서도 시크하게 산다는 것은 어떻게 사는 걸까 궁금중을 유발했다. 그녀의 하루는 일어나자마자 베갯머리를 더듬거려 책부터 잡는다. 잠이 덜 깼는지 졸면서 읽다가 다시 잠이 든다. 작가라서 그런가. 눈 뜨자마자 책을 잡는 그녀가 멋있게 느껴졌다.

그녀가 빵이 떨어져 커피숍으로 아침을 먹으러 갔다. 일본에서는 노인들이 커피숍에서 아침을 해결하는 게 일상인 것 같다. 커피숍에는 먼저 와서 아침을 먹고 있는 할머니들이 앉아 있다. 작가의 눈은 역시 할머니들의 모습을 놓치지 않는다. 그중에 "머리를 짧게 자르고 검은 바지에 짧은 재킷을 입고 문고본을 읽는 모습이 마치 정년퇴직한 커리어우먼 같다"고 묘사한 한 할머니의 모습이 눈앞에 그려진다. 먼 훗날 내 모습인 것 같아 입꼬리가 살짝 올라갔다. 나이가 들어서도 항상 책을 가지고 다니며 어디서든 책을 읽는 모습이 내가 상상하는 나의 미래 모습이기 때문이다.

마른눈증후군으로 호되게 시련을 겪은 지 일 년여. 예전처럼은 아니지만 다시 책을 읽을 수 있게 되니 슬슬 책 욕심이 난다. 이른 새벽에 일어나 책상에 앉기 시작했고 온라인 서점도 열심히 들락거린다. 책을 주문하고 하루나 이틀 기다리는 시간도 기대감으로 설렌다. 책을 받자마자 포장을 뜯으면 그 본모습을 서서히 드러내는 책과 마주하는 순간도 행복하다. 요리조리 책의 앞면과 뒷면을 살펴보고, 목차부터 페이지를 빠르게 넘겨보며 종이의 질감을 느끼고, 책 냄새를 킁킁거리는 의식도 거친다. 새 책에서는 산뜻한 잉크 냄새가, 헌책에서는 시간을 품은 종이

냄새가 후각을 자극한다. 그럴 때는 마치 오랫동안 헤어졌던 친구를 상봉하는 기분이다.

그렇다. 책은 내 곁에서 원하면 언제든지 기꺼이 친구가 되어준다. 시간이 무료하지 않게 이야기를 나눠주고, 쉴 때면 다소곳이 옆에서 기다려주는 참을성도 있다. 오랫동안 내버려 둬도 불평 한마디 하지 않는 책은 참 좋은 친구다. 또한 책은 읽는 동안 생각이 녹스는 것을 막아 주며 혼자 있거나 나이 들어서 찾아오는 외로움을 막아준다. 책은 들고 있는 것만으로도 품위 있는 사람으로 보이게 하며 사노 요코처럼 우아한 일상을 선물해준다. 그런데 만약 책이 없다면?

훤칠한 사내가 그의 귀에 대고 일깨워 말했다.

"너는 한탄을 버려라."

"네. 말씀대로 하지요."

"너는 성냄을 버려라."

"그렇게 하겠습니다."

"시기하는 마음을 버려라."

"말씀을 따르겠습니다."

"뽐내는 마음을 버려라."

"분부대로 하지요."

"조급함을 버려라."

"어찌 거역하겠습니까."

"게으름을 버려라."

"명을 받들겠습니다."

"명예를 향하는 마음을 버려라."

"그리 하옵지요."

"책을 좋아하는 마음을 버려라."

내가 눈이 휘둥그레져 뚫어지게 보며 말했다.

"책을 좋아하지 않는다면 무엇을 합니까? 저를 장님, 귀머거리
를 만드시렵니까?"

사내는 웃더니만 등을 어루만지며 말했다.

"잠시 그대를 시험해본 것일 뿐일세."

이덕무의 청언소품《한서 이불과 논어 병풍》에 나오는 글 대목이다.
그가 어떤 사내로부터 "책을 좋아하는 마음을 버려라"는 말에 황망해하
다 자기를 시험해보았다는 말에 놀란 가슴을 쓸어내리는 모습이 눈에 선
하다. 내가 책 없이 살 수 없다는 이덕무의 이야기를 자주 언급하는 것은
책을 대하는 그 마음이 깊은 울림을 주기 때문이다. 사실 각자의 생업에
종사하면서 조선 시대의 가난하고 직업이 없던 선비 이덕무처럼 책만 읽
는 것은 현 시대에서는 불가능한 삶이다. 그러나 인생에서 책을 우선으
로 하는 그 마음만은 닮고 싶다.

내가 만약 책 읽기를 시작하지 않았다면 아마 성큼 다가온 정년을 앞
두고 무엇을 할 것인가? 어떻게 살 것인가? 고민이 깊을 것이다. 은퇴와
함께 오는 소득 감소는 차치하고 갑자기 주어진 많은 시간을 어떻게 보

내야 할지도 걱정해야 할 것이다. 몇 십 년을 아침에 출근하고 저녁에 퇴근하는 규칙적인 생활이 몸에 배어 있다. 퇴직 후 당분간은 출근에 대한 부담이 없어서 몸과 마음의 여유를 누릴 수 있을 테지만, 먼저 퇴직한 선배의 말을 빌면 노는 것도 일 년 지나고 나니 아침에 일어나면 '오늘은 뭘하지?' 라는 생각부터 든다고 한다.

고령화 시대에 100세까지 산다는데 정년 후 남아있는 그 많은 시간을 잉여로 보낼 수는 없지 않은가. 오래도록 할 일을 만들어 놓는 것이 필요하다고 입을 모으는 이유다. 그런 면에서 나는 걱정이 없다. 책을 읽으면 된다. 시간이 무료하지 않을 것이고 책을 읽을 때 생각이라는 뇌 운동을 하게 되니 치매 예방도 될 것이다. 내 책장에는 사놓고 아직 읽지 못한 책이 많다. 책을 읽으면서 독서의 가장 큰 보람인 마음의 기쁨을 누린다면 그것 또한 여가 활동으로 족할 것이다.

책을 한 권 읽으면 한 권의 이익이 있고,
책을 하루 읽으면 하루의 이익이 있다.

괴문철

6장

그들에게 책은

목표를 이루는 도구다

유길문 리더스클럽 회장

대기업 회장부터 지역 경제를 이끌어가는 소상공인들까지 수많은 CEO가 있다. 한 사업체를 경영하는 대표라지만 그들에게도 말 못할 고민과 어려움이 있을 것이다. 이들 CEO의 고민을 들어주고 해결할 수 있도록 도움을 주는 사람이 있다. 대한민국 대표 독서모임 리더스클럽을 이끄는 유길문 회장이다.

그는 아침에 일어나 한 시간 정도 책을 읽고 여느 직장인들처럼 집을 나선다. 그의 일과는 주로 CEO들을 만나 그들의 이야기를 들어주고 책을 통한 코칭을 해준다. 그들에게 필요하다고 생각되는 책을 추천하거나 책 읽을 시간이 없을 때는 그 책의 핵심으로 대화를 하면서 스스로 답을 찾도록 도와준다. 독서경영 코칭이다.

그는 다양한 방법으로 독서경영 코칭의 범위를 넓히고 있다. 독서 관련 인물과 미팅을 하고, 《카네기 인간관계론》, 《무한능력》, 《생활 속의 NLP》, 《서양이 동양에게 묻다》의 진수를 함께 스터디하며 《담론》과 각종 경영서를 활용한다. 그는 책과 어떻게 인연을 맺고 책을 통해 어떤 삶을 살아왔을까?

60년대 시골에서 태어난 사람들이 그렇듯 그 역시 책을 맘껏 읽을 수 없는 환경에서 자라 대학을 마칠 때까지 제대로 된 책 한 권 읽어보지 못했다고 한다. 그런 그가 30대 후반 어느 날 문득 책을 읽고 싶은 강한 충동을 느끼게 되었다. 자신을 벗어던지고 새롭게 도전해보고 싶은 마음에 지인 서너 명과 함께 매주 토요일 새벽에 모여 본격적으로 책을 읽고 토론을 했다. 그렇게 책과의 인연이 시작되었고 그가 인생의 동반자라 칭하는 리더스클럽이 탄생했다. 2002년부터였으니 어언 17년째.

책을 읽기 시작하면서 그의 삶은 어떻게 흘러갔을까. 리더스클럽을 시작하던 시기 그는 박사 과정을 병행하고 있었다. 본업 외에 대학원 공부와 매주 리더스클럽 토론 도서를 읽어내느라 눈코 뜰 새 없이 바쁜 나날을 보냈다. 그런 와중에 《책향기 사람향기》라는 책을 썼다. 책을 읽기 시작하고 7년 만이었다. 책을 쓰고 나니까 많은 사람이 책 쓰는 방법을 물어왔다. 《책쓰는 사장》은 그에 대한 답으로 쓴 책이었다. 이어서 책을 쓰는 CEO들이 시너지를 낼 수 있도록 도움을 주는 《더 시너지》도 출간했다. 2016년에는 《된다 된다 책 쓰기가 된다》로 책 쓰기의 실질적인 노하우를 전수했다. 그의 행보는 무슨 일이든 열심히 노력하면 반드시 보답을 받는다는 세상의 이치를 몸소 보여주고 있다고 해도 과언이 아니다. 열정을 담아 상기된 목소리로 전하는 그의 말을 들어본다.

"책을 읽다 보니까 책의 힘을 통해서 자신감이 증가되었어요. 책을 많이 읽고 책을 출간하니까 강의 요청이 들어오고 CEO들이 개인 코칭을 의뢰해요. 대기업에서 사보 기고 요청이 들어오고 상하이에서 특강이 들어와 해외에서 특강을 하기도 했지요. 도 교육청, 도청 등의 기관에서 독서 관련 특강을 하고 2015년 12월에는 KBS '일요일에 만난 사람'에 출연하기도 했죠. 책이 저를 춤추게 하고 설레고 흥분되게 하고 있어서 새로운 비전을 꿈꾸게 하고 있어요."

그는 인문, 경영, 심리, 미술 등 다양한 분야의 책을 읽는다. 특히 자기계발에 관련된 책을 가장 많이 읽었다. 《카네기 인간관계론》은 10년 동안 37번을 읽었는데 그가 인생에서 가장 힘들 때 접한 책이었다. 책이 가진 치유의 힘을 경험한 뒤로 그는 좋은 책을 만나면 5번 내지 10번 정도 읽는다. 그렇게 읽는 책들이 늘어나면서 그는 또 자신 있게 말한다.

"책이 에너지원이자 활력소가 되죠. 또한, 사람들이 책을 읽음으로써 편협한 사고에서 벗어나 유연한 사고를 할 수 있게 돼요."

그가 항상 '사람이 답이다'라는 가치 기준을 가지게 된 것도 이 책에서 말하는 인간관계 원칙을 실천하려고 노력해온 결과다. 그래서인지 누구든 그와 이야기를 해보면 그의 상대방에 대한 배려를 느끼게 된다. 또한, 그는 시너지 경영 전문가답게 상대방의 자원을 끄집어내는 능력이 탁월하다. 어떤 사람이라도 그와 대화를 하다 보면 자신의 몰랐던 장점과 자원을 발견하게 된다. 주변에는 실제로 그가 발견해준 자원을 활용하여 능력을 충분히 발휘하고 있는 사람들이 많다.

그는 일주일에 2권 정도 책을 읽는다. 많이 읽을 때는 8권까지도 읽었다. 우리나라 성인들의 평균 독서량이 한 달에 한 권도 채 되지 않는 것이 현실이다. 직장인이든 CEO든 느끼겠지만 일하는 시간을 뺀다면 언제 책을 읽겠는가. 그는 평일 새벽과 저녁 시간, 그리고 주말을 이용해서 책을 읽는다. 그렇지만 그가 읽어냈다는 책 권수를 듣고는 놀라지 않을 수 없다. 그가 웃으며 부언한다.

"책을 많이 읽다 보니 읽는 속도가 빨라요. 또 어떤 책은 처음부터 끝까지 읽지 않는 책도 있죠."

그제야 고개가 끄덕여진다. 그가 책 읽기를 결심하고 몰입해서 책을 읽을 때 주변에서 가장 많이 듣는 말이 "책을 읽으면 밥이 나오냐? 빵이 나오냐?"였다. 그때 그는 자신 있게 대답을 못했는데 지금은 말할 수 있단다. "책을 읽으면 밥이 나오고 빵이 나온다. 그리고 책도 나오고 돈도 나온다"고. 밥과 빵은 물론이고 책과 돈까지 나온다니 무슨 말일까?

유길문 회장은 2016년에 리더스클럽에 헌신한 공로로 '창조경영인 대상' 및 '도전 한국인상'을 받았다. 같은 해 12월에는 전라북도 인물 대상에서 '재능 나눔부문 대상'을 수상했다. 그가 책을 읽으면 "밥이 나오고 빵이 나온다. 더불어 책과 돈도 나온다"는 말이 우스갯소리로 하는 말이 아님을 알 수 있다.

그는 책이 가진 힘을 안다. 그래서 아직 책을 읽지 못하는 사람들에게 해줄 말이 있다고 한다.

"책을 읽기 전에 자신이 하고 싶은 것을 정하는 것이 중요합니다. 내가 정말로 간절히 원하는 것이 있다면 그것을 이루기 위해서 무언가를 해야 하죠. 무엇을 하든지 책은 그 목표를 이루게 하는 가장 유용한 도구라고 생각합니다. 책은 가장 적은 돈을 투자해서 가장 많은 정보를 취득할 수 있고 자신에게 꼭 필요한 인사이트와 영감을 주는 자원이 되는 것이지요."

인생을 살면서 누구나 크든 작든 꿈과 목표를 가지고 있다. 그것을 이루고 싶은 것이 인지상정이다. 유길문 회장은 2017년 12월을 끝으로 은행을 퇴직하고 2018년 1월 데일카네기 전북지사장으로 취임했다. 그는 벌써 인생 후반의 목표를 이룬 것일까. 그가 말하는 목표를 이루게 하는 책의 힘이 널리 퍼져나가기를 기대해본다.

깨달음이 올 때 가장 행복하다

이정현 카페 '아프리카' 대표

전북 익산에도 '리더스클럽'이 있다. 6년째 이 독서모임을 이끄는 이정현 회장을 미륵산 자락 아래 자리 잡은 카페 '아프리카'에서 만났다. 그녀가 운영하는 카페다. 최근에는 카페 뒤쪽에 '애완견 테마파크'를 개장했다. 반려동물을 키우는 인구가 늘면서 전주에서도 그곳을 찾는 사람이 늘었단다. 이정현 대표는 이 두 곳을 운영하느라 그야말로 눈코 뜰 새 없이 바쁜 와중에도 익산의 리더스 클럽을 이끌면서 인문고전 분야의 책을 꾸준히 읽고 있다. 어느 하루 소중하지 않은 날이 없다고 말하는 그녀의 단아함에서 엿보이는 삶에 대한 진지한 태도는 책의 영향일까? 그것도 접하기 쉬운 분야의 책을 놔두고 인문고전을 읽게 된 이유가 궁금했다.

"22년간 운영하던 교육 사업을 정리했어요. 전북에서도 손에 꼽힐 만큼 규모가 큰 사업이었죠. 갑자기 사업을 정리하고 나니 미래가 걱정되고 정체성이 흔들리기 시작했어요. 무엇을 해야 할지 모호한 시간을 보내기 위해 무작정 책을 읽기 시작했죠. 왜 옛날부터 책 속에 길이 있다는 말이 있잖아요. 길 찾기를 위해 책을 읽자. 이왕이면 인문고전을 읽고자 했어요. 많은 사람들이 고전을 읽으라고 하는 데는 그럴 만한 이유가 있을 거라고 생각했죠."

그렇게 책을 읽다가 어떤 장치가 필요하다고 생각했다. 책을 읽는 중에 나태해지거나 궤도이탈이 왔을 때 잡아줄 수 있는 장치, 그게 독서클럽이었다고 한다.

"독서클럽을 만들면서 세 가지 원칙을 세웠어요. 첫째, 회지를 만들자. 둘째, 매주 하자. 셋째, 한 명만 있어도 10년은 가자였죠."

이 대표는 이 세 가지 원칙을 마음에 두고 독서클럽 멤버를 모으기 시작했다. 교육 사업을 할 때 엄마들이 자신을 알아보는 것이 싫어서 18년간 동네 목욕탕에 가지 않았다. 독서클럽도 이왕이면 모르는 사람들과 시작하고 싶었다.

"한 사람은 아파트 엘리베이터에서 서로 목례만 하는 사람이었죠. 독서모임을 같이 하고 싶어서 인사를 하고 차 한 잔하자고 했더니 그 사람이 깜짝 놀랐어요. 차를 마시면서 독서모임을 같이 하자고 제안했죠. 바로 '예스'를 했어요. 본인도 그런 모임을 하나 하고 싶었는데 잘 되었다고. 하지만 모두가 '예스'를 하지는 않았어요. 한 사람은 동네에서 눈여겨 보던 사람이었는데 차가 없는지 택시를 기다리고 있었어요. 의도적으로 그 사람 옆으로 가서 차를 태워주었죠. 그리고 독서모임을 제안했어요. 처음에는 시간이 없다고 거절하더군요. 세 번째 정식으로 만나 무릎을 꿇은 채 두 손을 잡고 간절하게 부탁했어요. 그제야 오케이를 했어요."

독서클럽 멤버 구성을 위해 삼고초려도 마다하지 않은 그녀의 열정에 감탄이 나왔다. 누구라도 그렇게 부탁하는데 거절할 수 없을 것이다. 그렇게 8명의 멤버가 구성되었다. 다양한 직업을 가진 사람들이었다. 의사, 약사, 학원 강사, 가정주부, 공무원 등이었다. 서로를 잘 모르는 사람들끼리 일주일에 한 번 만나 사적인 대화 없이 책 이야기만 두 시간을 해야 하는 모임이 쉽지 않았다. 1년 반이 지나자 비로소 분위기가 조금 부드러워지는 것을 느꼈다. 그런데도 모임이 지속되었던 것은 '회지'의 역할이 9할이었다. 회지는 이 대표가 직접 만든다. 회원들이 바빠서 미처 책을 읽지 못해도 책 내용을 발췌한 회지를 보며 토론에 참여할 수 있기 때문이다. 그녀가 독서클럽을 운영하면서 느낀 것은 책을 읽는 것도 물론 중요하지만 토론 도서를 선정하는 것, 책에 대한 안목과 지식도 필요한 일이었다.

"고전에 대한 전문지식 없이 맨땅에 헤딩하는 식으로 독서모임을 하다 보니 책을 선정하는 것도 어려웠죠. 다행히 요즘 이지성 작가의 《리딩으로 리드하라》에 나오는 성인을 위한 인문고전 독서 가이드의 단계별 추천도서로 도움을 받고 있어요."

사람들이 책을 읽지 않는 이유는 일 때문에 시간적 여유가 없어서라고 한 조사에서 밝혀졌다. 이 대표처럼 사업을 하다 보면 더욱 책 읽을 시간을 내기가 쉽지 않을 것이다. 언제 책을 읽을까?

"주로 저녁이나 이른 아침에 읽죠. 책을 무조건 많이 읽거나 한 달에 몇 권 읽느냐는 의미가 없어요. 특히 인문고전류의 책은 어렵잖아요. 저는 한 달에 한두 권 읽어요."

이 대표를 잠깐 만나는 중에도 카페를 찾은 지인들과의 인사, 걸려오는 전화에 응답하는 모습을 보면서 책을 읽는 것은 바쁜 것과는 상관없이 본인의 의지임을 그녀를 통해서 확인했다. 저렇게 바쁜 시간을 쪼개 책을 읽으면서 행복할까? 라는 생각이 언뜻 들었다. 사람은 자기가 좋아하는 일을 할 때 행복해하지만 어디까지나 감당할 수 있는 경우에 한한다.

"사업하면서 나의 목소리를 내거나 나의 주장을 해서는 안 되었어요. 나보다 상대가 중심이었죠. 항상 나를 뒤편에 놓았어요. 그런데 책을 읽으면서 고전 한 구절이 나에게 조명되었을 때 정말 전율을 느꼈죠. 그러면서 깨달음이 올 때 정말 기뻤어요."

이 대표는 고전을 읽는다고는 하지만 지적인 깊이는 일천하다고 겸손해한다. 단지 책을 읽으며 나를 알게 되는 것, 책을 읽고 책이 일상에 적용되고 있음을 느낄 때 보람을 느낀단다.

"일상이 다 배울 거리고 나의 역사죠. 어느 하루 소중하지 않은 날이 없어요. 더불어 책을 읽고 책을 내 삶에 입힐 수 있다면 삶이 정말 풍요로워져요."

진심이 묻어나는 그녀의 말을 듣자니 저절로 고개가 끄덕여진다. 사람들은 나이가 들수록 생각이 더욱 견고해지게 마련이다. 책을 통해 다름을 인정하는 유연한 사고를 하고 마음이 자유로워질 수 있다면 그것은 책이 주는 선한 영향력이다. 하지만 아직 책 읽기를 행동으로 옮기지 못하는 사람들이 있다.

"누구나 생각을 실행으로 옮기는 사람은 많지 않아요. 당연하죠. 어떤 책이든 한 권이라도 끝내려는 시도가 있어야 해요. 한 권이 무리라면 한 꼭지라도 먼저 읽기를 권하고 싶어요. 그리고 반드시 읽고 나서 사색을 해야 해요. 사색이 없으면 책이 몸으로 체화되지 않거든요."

그녀의 말대로 한 권을 읽어도 사색을 통해 책을 내 것으로 만들어서 내 삶에 적용하는 것이 진짜 책 읽기가 아닐까?

다른 생각 다른 시선을 찾는다

전상민 서점 '북스포즈' 대표

전북대학교 옆 상가 골목으로 들어서서 몇 발자국 옮기자 바로 서점이 하나 눈에 보인다. 분명 서점이라고 쓰였는데 유리문 너머 언뜻 보이는 서점 안은 카페 같기도 하다.

"북 카페에요?"

"서점입니다."

단호하게(?) 서점이라고 말하는 전상민 '북스포즈' 대표를 만났다. 서점 안으로 들어가니 일반 서점의 분위기와는 사뭇 다르다. 소파와 테이블, 그리고 도로가 보이도록 가로로 길게 놓은 나무 테이블이 눈길을 끌었다. 커피와 맥주를 마시면서 책을 읽을 수 있는 서점이다. 사는 곳이 지방이다 보니 이런 서점이 아직은 특별하다. 이곳 전상민 대표는 광고회사 '소셜프레임'도 함께 운영하는 30대의 젊은 사업가다.

"커뮤니케이션과 관련된 홍보업체를 운영하면서 이곳 서점을 겸하고 있어요. 서점과 홍보 일은 업이 다르죠. 여기는 지역을 기반으로 하는 서점이고, 홍보 쪽은 저의 스페셜리스트 관련 일입니다."

서점과 홍보. 두 분야가 전혀 다른 업인데 어떻게 병행할 수 있을까? 특별히 책을 좋아하는 것일까? 그는 대학 때부터 책을 읽었다. 대학에 들어가니 시간이 많이 남더란다. 일단 모르는 것을 알 수 있는 방법으로 책을 꼽았다. 자신이 신문방송학을 전공하는데 마케팅 분야를 알고 싶어서 그쪽 관련 책을 열 권쯤 읽으니 대강 알 수 있었다고.

"지식(인풋)의 양이 아웃풋의 질을 결정한다고 하죠. 머릿속에 새로운 것이 들어가야 새로운 일을 할 수 있어요. 다른 생각이란 새로운 책을 봤을 때 이런 시선도 있네? 라고 느끼는 것이죠. 그럴 때 재미가 있어요."

책을 좋아하는 사람들은 서점을 운영하는 것이 로망이라고 한다. 책을 좋아한다고 해서 꼭 책을 많이 읽는 것이 아니라는 그는 기회가 생겨서 서점을 운영하게 되었다. 서점을 운영하면서 자연스럽게 더 독서를 할 수 있게 되었다. 특히 동네 서점은 서점 주인의 성향이 배어 있게 마련이다. 서점에 카페를 들인 이곳 '북스포즈'의 운영 방식은 전주에서는 처음 하는 시도다. 무슨 계기라도 있는 것일까?

"책을 좋아하는 편이고, 서점이라는 공간을 좋아했습니다. 홍대나 연남동에 있는 작은 서점들을 즐겨 다녔고 또 일본 도쿄에서도 이런 작은 서점들만 다니며 여행을 했던 적도 있습니다. 이제는 많은 젊은이들이 자연스럽게 찾는 공간이 작은 서점이 되었습니다. 그런 공간이 전주에 없다는 것이 아쉬웠습니다. 특히 전북대학교라는 대학 앞에 이런 공간 하나쯤은 있어야 하지 않을까 생각했습니다."

'북스포즈'에는 1,800권 내외의 책이 있다. 서점으로서는 작은 규모지만 북스포즈가 전달하고 싶은 이야기들이 있는 큐레이션 서점이다. 큐레이션 서점은 독특한 카테고리의 서적을 모아놓은 소규모의 서점을 말한다. 서울을 시작으로 이미 많은 작은 책방들이 이런 형태로 운영되고 있다. '북스포즈'도 서점의 콘셉트를 한 달에 한 번씩 바꾸고 콘셉트에 따라 소주제를 정해서 그에 맞는 책을 수집한다. 서점을 살펴보니 정말 책장별로 주제가 다르다. 책장마다 각기 다른 이름을 갖고 있는 셈이다. '원하는 것을 얻는 비밀', '맛있게 살자', '나를 위해 일한다는 것', '특별하지 않아 특별한 가족' 등 책장의 주제가 흥미롭다.

"가장 큰 콘셉트는 '다른 생각 다른 시선'이에요. 책을 고르는 가장 큰 기준이죠. 사람들은 비슷한 생각, 비슷한 기준들을 가지고 있어요. 그러나 책을 통해서 다른 생각과 다른 시선을 가질 수 있다는 생각에서 출발했어요. 대부분 읽은 책을 권해주고 있죠. 즉 20, 30대 사람들에게 그들이 읽었으면 하는 책들을 제안하는 형태입니다. 그러니까 이곳에 오는 사람들은 우리가 권해주는 책을 읽는 거죠."

책은 서점 직원인 디렉터가 읽고 충분히 고민한 결과 선정한다. 고객들은 어떤 책을 읽어야 할지 모를 때 선택에 도움이 될 것이다. 서점에는 다른 두 명의 디렉터가 더 있다. 그럼에도 서점에 수집되는 책들을 다 읽는다는 것은 쉽지 않을 것이다. 특히 전 대표는 따로 운영하는 회사도 있다. 딱 봐도 책 읽을 시간이 절대적으로 부족할 것 같은데 언제 시간을 내는지 궁금하다.

"제가 좋아하는 선배가 있는데요. 그 선배가 이런 이야기를 한 적이 있습니다. "시간을 쪼개서 써라." 저희는 흔히 시간을 30분 단위 혹은 1시간 단위로 쓰는 경우가 많습니다. 하지만 시간을 5분 단위로 쪼개 쓰면 이야기는 달라집니다. 1시 30분이면 1시 40분 혹은 45분부터는 뭘 해야겠다 생각하게 됩니다. 무려 15분이라는 긴 시간이 생기는 겁니다. 그렇게 시간이 생기면 책을 봅니다. 책을 읽기 위해 많은 시간을 따로 내는 것이 아니라 시간을 쪼개 이렇게 자투리 시간이 생길 때마다 책을 읽기 시작하면 하루에도 꽤 많은 시간을 책을 읽는데 쓸 수 있게 됩니다."

잠깐 앉아 있는 동안에도 20, 30대쯤으로 보이는 젊은 고객들이 들어와 책방을 둘러본다. 50대 여성도 보인다. 어떤 두 여성 고객은 차와 맥주를 한 잔씩 시켜 놓고 아예 소파에 앉아 책을 읽는다. 서울에서야 이런 모습이 일반적일지 모르지만, 전주에서는 아직은 낯선 풍경이다. 2016년 10월에 오픈한 이 서점의 젊은 대표는 '다른 생각 다른 시선'으로 전주에 책방 문화의 새 바람을 일으키고 있는 게 분명하다.

그는 사람들이 요즘 책을 많이 읽지 않는 것 같다고 한다. 책을 대신해주는 것들이 많기 때문이란다. 이를 두고 '지식의 인스턴트화'가 되고 있다고 표현한다. 모르는 것은 무조건 인터넷에서 찾아보는 것에 대해서도 한마디 한다.

"인터넷에서 찾아내는 것은 단순한 지식이에요. 책에는 그런 곳에서 찾을 수 없는 부분들이 있어요. 단순한 지식을 뛰어넘는 지식과 지혜를 전달해주는 것이 책의 장점이죠."

그래서 그는 뭔가 모르겠다 싶으면 책을 먼저 찾는다. 정말 그런 책이 있을까 싶은데 그런 책들이 있단다. 가장 쉽게, 가장 빠른 시간 안에 자신이 알고자 하는 것을 알 수 있고 경험할 수 있게 하는 것은 책이라고 강조한다. 왜 책을 읽어야 하는가에 대한 답으로 '공감 능력'에 깊이 공감하는 전상민 대표. 그는 서점이라는 매개를 통해 책을 또 하나의 문화로 자리매김하는데 앞장설 것으로 믿어진다.

계급을 끌어올리는 보증수표다

조연심 《나를 증명하라》 저자

사물인터넷과 인공지능으로 대표되는 4차 산업혁명 시대가 도래하고 있다. 겪어보지 않은 새로운 시대를 맞이하는 우리는 혼란스럽고 일견 두려움마저 몰려온다. 우리의 미래는 어떤 모습이 될까? 지금 하는 일자리를 지킬 수 있을까? 그러기 위해서는 어떤 준비를 하고 어떻게 살아가야 하는 걸까? 다행히도 "4차 산업혁명 시대 내가 원하는 모습으로, 내가 원하는 곳에서 자유롭게 일하며 평생 현역으로 살아가는 법을 제시해드립니다"라고 희망의 메시지를 전하는 사람이 있다. 지식소통가 조연심 저자다. 저자는 스스로를 고용하고 해마다 새로운 책을 9년째 내고 있으며 자신의 이름 그대로를 브랜드로 만들었다. 저자는 2017년 출간한 《나를 증명하라》에서 미래는 골드칼라의 시대가 될 거라고 말한다. 골드칼라는 자신의 삶을 주도적이고 생산적인 방법으로 만들어가며 지식과 기술을 배우는 데 주저하지 않는 사람들이다. 골드칼라의 시대를 앞서 실천하고 있는 작가에게 책은 어떤 역할을 하고 어떤 의미를 가지는 것일까? 서면을 통해 물었다.

Q 조연심 작가께서는 강의와 토크쇼 진행 등 여러 가지 일을 하는데요. 본인이 하는 일을 위해 책은 어떤 역할을 하는지요?

저는 나이 서른에 경력단절녀로 사회생활을 시작했어요. 그리고 YBM에서 학습지 교사, 지국장, 국장을 역임하며 주어진 일을 잘하는 직장인으로 살았어요. 그러다 몇 번의 이직을 거치면서 다시 원점으로 돌아오게 되었지요. 그때 저는 "조연심"이라는 기업에 입사하기로 하고 신제품으로 1년에 1권의 책을 집필하겠다고 저와 약속했답니다. 그것을 위해 1데이 1칼럼을 쓰면서 글쓰기를 훈련했지요. 책은 조연심이라는 기업의 제품으로 내가 누구인지, 무엇을 했는지, 어떻게 살아가려 하는지를 보여주는 결과물이 되었고, 그것을 토대로 강연도 하고, 토크쇼도 할 수 있는 기회를 연결시켜주는 결정적인 역할을 해 주었지요. 놀고먹고 글 쓰며 살고 싶은 제 동사형 꿈을 이뤄줄 수 있는 매개 또한 책이라고 볼 수 있답니다.

Q 하는 일이 많으니 하루 스물네 시간이 부족할 것 같습니다. 주로 언제 책을 읽나요?

책은 목적독서를 해요. 칼럼을 쓰거나 책을 집필하려고 하면 다양한 아이디어나 정보가 필요해요. 그렇기 때문에 평소 관심 있는 내용이 담긴 책을 무조건 구매해 놓는답니다. 그리고 글을 쓰다가 책을 읽기도 하고, 책을 읽다가 아이디어가 생기면 멈추고 글을 쓰거나 메모를 해 놓습니다. 데드라인이 명확해지면 책 읽기도 더 잘 되는 거 같아요. 저는 주로 브랜드, 마케팅, 세일즈, 트렌드, 심리 등과 관련된 책을 읽고 있습니다. 소설보다는 경제·경영, 자기계발, 에세이 등을 읽고 있어요. 물론 제가 좋아하는 더글라스 케네디의 비즈니스 소설은 출간 즉시 사서 읽는답니다. 나중에 저도 비즈니스 소설을 쓰고 싶어서요. 한국의 더글라스 케네디를 꿈꾸고 있답니다.

 특별히 본인만의 책 읽는 방법이나 기술이 있습니까?

저는 베스트셀러나 다른 사람들이 추천해준 책보다는 제가 하는 일과 관련된 퍼스널브랜드와 관련된 분야의 책을 주로 읽습니다. 책은 구매 후 이동거리가 멀거나 지하철을 타거나 약속 시간의 틈이 생기거나 하면 잠시라도 읽습니다. 읽다가 영감이 떠오르면 휴대 전화 메모장이나 노트에 관련 글을 적어 놓아 나중에 찾아볼 수 있게 합니다. 어차피 데드라인이 다가오면 뭐라도 써야 하니까 읽게 되더군요. 꼬리에 꼬리를 무는 아이디어는 책을 읽거나 책을 쓸 때 생기는 거 같아요. 산책을 할 때도 끊임없이 아이디어가 쏟아지니까요. 책이나 칼럼 등 글을 쓰겠다고 다짐을 하고 데드라인을 정하면 무조건 책을 읽어야 하니까 책이 잘 읽히는 거 같아요. 과거 시험 기간에 책을 보면 더 잘 읽히던 것과 마찬가지랍니다.

Q 요즘은 인터넷이나 SNS 등에서 많은 글을 접할 수 있습니다. 그런데도 책을 읽어야 하는 이유가 있다면 무엇이라고 생각하는지요?

전 책을 쓸 때도 페이스북이나 뉴스 등에서 필요한 정보를 얻을 때가 많습니다. 의외로 좋은 정보를 알려줄 때가 많거든요, 하지만 그 내용이 간편하고 깊이가 깊지 않을 때가 많습니다. 그래서 관련 내용 중 궁금증이 더해지는 내용은 검색을 해서 관련 책을 구매합니다. 책을 읽다 보면 제가 하고 있는 일에 직·간접적으로 도움이 되는 내용과 실전 아이디어가 정말 무궁무진하게 나오거든요. 평소 이동을 할 때도 모바일로 중요한 내용을 서치하는 편이고, 카페에 앉거나 오피스에서 음악을 들으며 책을 읽다가 다시 글을 쓰는 편입니다. 그리고 제가 했던 활동들을 팩트 위주로 블로그에 기록을 하다 보면 저절로 글 쓰는 노하우도 쌓이게 된답니다. 결국, 끊임없이 생각하고 자신의 경험을 더하고 이론을 깊이 있게 펼쳐 나가기 위해서는 책이든 텍스트든 읽어야 하고 그 내용을 일목요연하게 글로 정리하며 써가야 합니다.

Q 읽기가 힘들거나 책 읽기의 즐거움을 모르는 사람들에게 한 말씀 해주시기 바랍니다.

읽어야 하니까 읽는 책 읽기는 마치 시험을 보기 위해 억지로 책을 집어 드는 것과 마찬가지라 생각됩니다. 누가 시켜서 하는 것처럼 싫은 일은 없으니까요. 21세기는 자신의 아이디어와 경험, 지식을 융합해서 자신의 분야에서 탁월함을 만들어야 살아갈 수 있는데 아이디어는 그냥 나오는 게 아니거든요. 자신의 주력 분야를 정하고, 그 분야와 관련된 책을 읽고, 사람을 만나고, 관련 글을 써야 깊어질 수 있답니다.

이제 더 이상 시험을 보기 위해 읽는 책이나 남들 다 읽는 베스트셀러라서 읽는 거 말고 자신의 생존과 일의 미래를 위해 스스로 찾아 읽을 수 있는 책을 읽기를 권해 드립니다. 책을 읽으면 밥이 나오냐 떡이 나오냐던 선조들의 이야기가 이젠 실제로 그러하다는 것을 말해주고 싶어요. 책을 읽어야 밥이 나오고 떡도 나오고 미래의 일도 나옵니다. 단순 육체노동을 하는 블루칼라 노동자나 자격증으로 승부를 보는 고도의 정신노동자인 화이트칼라 시대에서 아이디어로 먹고 살아야 하는 골드칼라의 시대에 책을 읽는다는 건 어쩌면 스스로 계급을 끌어올리는 가장 확실한 보증수표가 아닐까 생각합니다.

저 자신이 학사 출신에 경력단절이었음에도 불구하고 불과 9년 만에 아홉 권의 책을 낸 작가, 강사, 칼럼니스트, 브랜드매니지먼트사 엠유 대표, 토크쇼 진행자로 살 수 있게 되었던 이유가 바로 필요한 책을 남들보다 먼저 읽고 그 경험을 글로 써냈기 때문이라는 사실을 알려드리고 싶습니다.

에필로그

책 읽기가 일상이 되길 바라며

주말에 가는 조그만 텃밭에 씨를 뿌리고 물을 준 후 과연 싹이 틀까 기대 반 걱정 반으로 일주일을 기다리다 가보면 흙 속에서 보일 듯 말 듯 파릇한 싹이 올라오는 것을 볼 수 있다. 수줍게 고개를 내민 그 여린 싹을 보면 아! 하고 감탄이 절로 나온다. 생명의 신비를 느끼지 않을 수 없다.

책을 읽는 것도 불모지나 다름없는 내 생각의 밭에 씨앗을 뿌리는 것과 같다. 한 권 한 권 읽는 책 속의 어떤 문장들이 씨앗이 되어 나만의 생각으로 움트는 과정이다. 물론 처음에는 아무런 변화를 느끼지 못할 수 있다. 그러나 책을 계속 읽다 보면 어느 순간 마음 깊은 곳에서 무엇인가 뚫고 올라오는 것을 느낀다. 바로 내면에서 은밀하게 일어나는 움직임이며 희열이다. 단언컨대 책을 읽어본 사람만이 아는 기쁨이다.

그런 기쁨을 느껴보기 위해서는 아무래도 책을 가까이하는 것이 중요할 터. 고개를 조금만 돌려 책이 있는 곳을 찾아보자. 굳이 크고 유명한 곳을 찾아 멀리까지 시간 낭비할 필요 없다. 집 근처 도서관도 좋고 새로 생긴 동네 서점도 좋다. 소설가 김훈도 "서울대학교 규장각 도서관이나 하버드대학교 도서관이 중요한 게 아니고 우리 동네 우리 옆에 있는 도서관이 중요하다"고 말했다.

다행히 지금 우리나라 곳곳에서 이전에 보지 못했던 도서관, 카페 같은 서점, 서점 같은 북 카페들이 특별한 모습으로 행인의 발길을 멈추게 한다.

끌리듯 그런 곳에 들어가 책 한 권 읽으면 또 다른 뿌듯함이 밀려올 것이다. 어느 독서모임에 참여해도 좋다. 새삼 책 읽는 사람들이 많다는 것을 알고 놀랄 것이다. 책 읽는 사람들끼리 소통하며 서로의 삶을 따뜻하게 품어주니 우울증을 극복했다는 사람도 있다.

　"이 모임을 통해 제 속에 들어 있던 아픈 상처도 많이 치유되었고요. 1년 넘게 갱년기를 아주 심각하게 보냈어요. 우울증도 앓았고 제가 힘들어하는 부분에 대해서 다들 공감해주고……. 여기 오면 그걸 많이 해소하고 가요."
('책 읽는 엄마 모임' 회원)

　책을 쓰기 시작해서 마무리하기까지 직장에서 근무하는 시간 외에 대부분의 시간은 책을 읽고 글을 썼다. 그게 또 성장의 자양분이 되었다. 그리고 책 읽기는 이제 습관이 되고 내 삶에 없어서는 안 될 일상으로 자리 잡았다. 책을 읽으며 사색하는 시간은 내게 밀도 있는 하루를 선물한다. 그래서 시간도 더디 간다.
　이왕이면 많은 사람이 책 읽는 일을 일상으로 여기면 좋겠다. 우리의 일상에 책 읽기를 하나 더하는 것이다. 어렵지 않다. 하루 세 끼 밥 먹는 시간이 있는 것처럼 책 읽는 시간을 정해놓으면 된다. 또는 책 읽는 일을 출근하고 일하고 때로 쇼핑하는 것처럼 일상에서 이루어지는 일과로 만드는 것이다. 물론 그런 시간을 만들고 지키기 위한 각자의 노력은 필요하다.
　예를 들어 쇼핑 중에 맘에 드는 컵 하나 고르면 돌아오는 길에 서점에 들러 책도 한 권 산다. 그리고 햇살 좋은 거실에 앉아 그 잔으로 갓 내린 커피를 마시며 방금 산 책을 읽는다. 또는 저녁을 먹은 뒤 TV 앞에 앉는 대신 책상에 앉아 책을 읽는다. 뿌듯한 마음으로 잠자리에 들 수 있을 것이다. 책 읽기가 일상이 되는 순간이다.

참고문헌

〈도서〉

- 앤서니 라빈스 지음, 조진형 옮김, 《거인의 힘 무한능력》, 씨앗을 뿌리는 사람, 2013.
- 최진석 외 지음, 《나는 누구인가》, 21세기북스, 2016.
- 김수정 지음, 《나는 런던에서 사람 책을 읽는다》, 달, 2009.
- 다치바나 다카시 지음, 이언숙 옮김, 《나는 이런 책을 읽어왔다》, 청어람, 2001.
- 사이토 다카시 지음, 김효진 옮김, 《독서는 절대 나를 배신하지 않는다》, 걷는나무, 2015.
- 사노 요코 지음, 이지수 옮김, 《사는 게 뭐라고》, 마음산책, 2016.
- 이덕주 외 지음, 《사서가 말하는 사서》, 부키, 2012.
- 곽미란 지음, 《서른아홉, 다시 봄》, 더클, 2014.
- 안대회 지음, 《선비답게 산다는 것》, 푸른역사, 2007.
- 이덕무 지음, 《아름다운 우리 고전 수필》, 거송미디어. 2005.
- 샤를 단치 지음, 임명주 옮김, 《왜 책을 읽는가》, 이루. 2013.
- 김병록, 백창화 지음, 《유럽의 아날로그 책공간》, 이야기나무, 2011.
- 알렉산드르 솔제니친 지음, 이영의 옮김, 《이반 데니소비치, 수용소의 하루》, 민음사, 2015.
- 알베르토 망구엘 지음, 정명진 옮김, 《읽기의 역사》, 세종서적, 2000.
- 이민희 지음, 《조선을 훔친 위험한 책들》, 글항아리, 2008.
- 일린 지음, 권혜림 외 옮김, 《종이 위의 검은 문자》, 태일사, 2016.
- 윌리엄 블레이즈 지음, 이종훈 옮김, 《책의 적》, 서해문집, 2005.
- 남태우 지음, 《책 이야기》, 한국도서관협회, 2012
- 윤성근 지음, 《책이 좀 많습니다》, 이매진, 2015.
- 이석연 지음, 《책, 인생을 사로잡다》, 까만양, 2012.
- 존 맥스웰 해밀턴 지음, 승영조 옮김. 《카사노바는 책을 더 사랑했다》, 열린책들. 2005.
- 진 웹스터 지음, 오경인 옮김, 《키다리 아저씨》, 느낌표, 2002.
- 사이토 다카시 지음, 장은주 옮김, 《혼자 있는 시간의 힘》, 위즈덤하우스, 2015.
- 니나 상코비치 지음, 김병화 옮김, 《혼자 책 읽는 시간》, 웅진지식하우스. 2014.
- 정민 지음, 《한서 이불과 논어 병풍》, 열림원, 2000.

〈신문기사〉

- "웹소설 인기타고 전자책 시장 '쑥쑥'…25.4% 성장", 연합뉴스, 2017.4.17
- "소중히 읽고 싶어서 박물관 희귀서적 훔친 50대 입건", 연합뉴스, 2017.9.6.
- "성인 40% 1년에 책 1권도 안 읽는다", 문화일보, 2018.2.5.

〈블로그〉

- http://stork.blog.me/60006253709
- http://harangmom.tistory.com/968

게으른 뇌를 깨워줄 책 읽기

2022년 7월 10일 제1판 1쇄 발행

지은이 / 백명숙
펴낸이 / 강선희
펴낸곳 / 가림출판사

등록 / 1992. 10. 6. 제 4-191호
주소 / 서울시 광진구 영화사로 83-1 영진빌딩 5층
대표전화 / 02)458-6451 팩스 / 02)458-6450
홈페이지 / www.galim.co.kr
이메일 / galim@galim.co.kr

값 16,500원

ⓒ 백명숙, 2022

ISBN 978-89-7895-435-8 13020

이 책은 《책과 잘 노는 법》을 제호변경한 도서입니다.